保育者のための
子ども虐待対応の基本

事例から学ぶ「気づき」のポイントと保育現場の役割

保育と虐待対応事例研究会 編著

ひとなる書房
HITONARU SHOBO

はじめに

　2017年度の児童相談所での児童虐待相談対応件数は、13万件を越えたと発表されました。子どもが命を落とす痛ましい事件報道もあとを絶ちません。しかし、こうした数字や報道は氷山の一角であり、深刻な事例や心配な家庭はもっとたくさんあると感じている保育者は多いのではないでしょうか。

　近年、子ども虐待対応をめぐる考え方は、虐待が起きたら動くだけではなく、妊娠期や乳幼児期など、問題が顕在化する前から手厚く支援することで虐待そのものを未然に防いでいくという方向に変わってきています。保育園にも、虐待（およびその疑い）の通告義務に加え、2017年からは、虐待予防の一環として要支援児童や養育困難家庭についての情報提供も求められるようになりました。

　子ども虐待や養育困難家庭の問題は、もはや特定の地域の保育園だけが遭遇するものではなくなっています。そして、職員配置や関係機関との連携体制が不十分な中、待ったなしで子どもや保護者への対応をせまられるのが保育の現場です。

　私たち「保育と虐待対応事例研究会」は、現実の対応に苦慮している保育者が適切に対応できる力量を身につけることを目的に、保育園で働く保育者が中心になって2001年に発足しました。私たちは、事例を出し合い、事例から学ぶことにこだわってきました。どんなに虐待についての知識を身につけても、実践の場で役に立たないのでは意味がないと考えたからです。毎月の例会に職場での切羽つまった悩みや苦しみをそのまま持ち込み、みんなの知恵を寄せ合い、子どもを守る手だてを考え合ってきました。その中で、保育中に感じた違和感を放置せず行動につなげること、保育園だけで抱え込まず園外の専門機関と積極的に連携すること、そして、子どもや保護者にとって保育園が楽しく安心できる場となるよう支援や連携をあきらめないことの大切さを学びました。

　最近の例会では、貧困や保護者自身の精神疾患などによる養育困難家庭、若年出産や産後うつ、ひとり親や子連れでの再婚などの「ハイリスク家庭」の増加を反映して、虐待として判断されるかどうかの「はざま」にある事例の報告が多くなりました。背景の複雑さや対応の困難さが一層増してきていることを感じます。また、年々保育者自身が忙しくなり、子どものことや保育で大切にしたいことについての伝え合いが十分できなくなってきているといった保育現場の側が抱える問題も語られています。

研究会ではこれまでの事例研究の内容を『子ども虐待と保育園』と『続 子ども虐待と保育園』（2004年・2009年、ひとなる書房）にまとめてきました。3冊目となる本書は、この間の研究会で検討されてきた事例の特徴や現場の状況をふまえ、内容や構成を考えました。

　第ⅰ部では「保育園では子ども虐待をどうとらえたらよいか」「保育園でできること・できないこと」といった基本的な事柄、第ⅱ部では「保育園における虐待対応の流れ」について改めて整理しました。

　第ⅲ部では、実際に現場でどう対応したらよいのかをより実践的に学ぶため、7つの事例をとりあげ、研究会での事例報告とみんなで議論した内容を「コメント」として紹介しました。

　どこから読んでいただいてもかまいません。状況や用途に応じて必要なところから開き、活用していただけたらと思います。一つひとつの内容やコメントについては、20年近く学んできた当研究会においても今なお研究の余地があります。お気づきの点はぜひ研究会にお寄せください。

　被虐待児や養育困難な状況の家庭と出会ったとき、対応に困ったとき、園内での研修などにこの本が少しでもお役に立てれば幸いです。

2018年12月

保育と虐待対応事例研究会 代表　矢澤 進

● 本書では「保育園」という呼称を使用していますが、認可保育所だけではなく、認可外保育所、幼稚園や認定こども園をはじめとするすべての保育の場を含むものとしてお読みいただけたらと思います。
●「保育者」という呼称も、保育士や幼稚園教諭、保育教諭をはじめ、資格の種類・有無を問わずすべての保育者を含むものとしてご理解ください。
● 本書に登場する各機関や部署名（保健所・子ども家庭支援センター・保育課など）は、一般的な名称や研究会会員が活動する自治体内での名称を使用しています。名称や役割、設置状況は自治体ごとにさまざまかと思います。読者の自治体における担当機関・部署名に読み替えていただけたらと思います。
● 各事例内の事実関係は、プライバシー保護の観点から、事例からの学びの本質を変えない範囲で変更しています。

contents ● もくじ

はじめに   2

第❶部 保育園としてまずおさえておきたいこと   7

❶ 保育園では子ども虐待をどうとらえたらよいか   8

   1 子ども虐待とは何か   8

   2 保育園で見られる子ども虐待のサイン   9

   3 虐待と事故の見分け方   10

   4 さまざまなあらわれ方をするネグレクトとその背景   11

   5 ＤＶと子ども虐待   13

   虐待対応のポイント①   ジェノグラムを書いてみよう   15

❷ 子ども虐待対応における保育園の役割   16

   1 保育園とはどういう場か   16

   2 保育園ができること   17

   3 保育園にはできないこと   17

   4 保育園だけで抱え込むのは危険です   19

第❷部 保育園における子ども虐待対応の流れ   21

   図解   子ども虐待対応フローチャート   22

❶ 気づきと初期対応   24

   1 「気づき」は入園前からはじまります   24

   2 入園面接・健康診断は「気づき」のチャンス   25

   3 保育の中で感じる違和感から具体的な行動へ   25

   虐待対応のポイント②   入園面接での注意点   26

❷ 園内体制づくり 　28

1 複数対応の原則 　28

2 園内ケース会議・情報共有・研修 　28

3 担任を孤立させない職員体制 　29

4 緊急時の対応方法の確認・園外との連携 　29

虐待対応のポイント③　**園長の役割** 　30

❸ 見守りと記録 　32

1 関係機関から「見守り」を期待されて入園してきた場合 　32

2 保育園での「気づき」から「見守り」をはじめる場合 　32

3 記録をとる 　33

4 見守りの終了と「まとめの協議」 　33

虐待対応のポイント④　**記録の方法と記入例** 　34

❹ 通告・相談の手順 　36

1 通告・相談のタイミングと方法 　36

2 通告・相談するとき何をどう伝えるか 　37

3 要支援児童についての情報提供 　38

資料　**要支援児童等チェックシート（乳幼児期）** 　39

資料　**関係機関への連絡票（虐待の疑い）記載例** 　40

❺ 関係機関との連携 　42

1 「事が起こる前」からはじめる連携 　42

2 各関係機関の機能と支援内容 　44

3 エコマップで連携状況を確認する 　45

虐待対応のポイント⑤　**関係者会議に参加する** 　46

❻ ケース離れと引き継ぎ 　48

1 保育園の手を離れたあとのことを考える 　48

2 卒園までの1年間にやっておきたいこと 　49

3 継続的な支援体制の確立に向けて 　51

第Ⅲ部 事例に学ぶ 対応の実際とポイント　53

事例❶ 入園時における気づきと初期対応

４人の子どもを抱える要支援家庭におけるネグレクト　54

虐待対応のポイント⑥　保育園でできる保護者支援　58

事例❷ 精神疾患を抱えた保護者への対応

強度の育児ストレスに悩む母親による不安定な養育　60

虐待対応のポイント⑦　虐待されている子どもへの保育　66

事例❸ 長期にわたる見守りと卒園後の支援体制づくり

世代間連鎖するアタッチメント障害と虐待　68

虐待対応のポイント⑧　アタッチメント形成対象としての保育者の役割　74

事例❹ 機関同士の連携による保護者支援・生活支援

発達障害を抱えたシングルマザーによるネグレクト　76

虐待対応のポイント⑨　発達障害と虐待──子どもの場合・保護者の場合　80

事例❺ 虐待ととらえることで深まる子ども・保護者理解

「言うことを聞かない子」への暴力をともなう「しつけ」　82

虐待対応のポイント⑩　しつけと虐待　92

事例❻ ハイリスク家庭の困難への気づきと通告のタイミング

若年ステップファミリーにおける第一子への虐待　94

虐待対応のポイント⑪　ハイリスク家庭とは　100

事例❼ 養育困難家庭の見守りとケース離れ

離婚・再婚をくり返す父母によるリスクを抱えた養育状況　102

資　料　子ども虐待にかかわる法令　108

おわりに　111

第 1 部

保育園として
まずおさえて
おきたいこと

第 **①** 部
保育園として**まずおさえて**おきたいこと

保育園では子ども虐待を どうとらえたらよいか **①**

❶ 子ども虐待とは何か

　子ども虐待とは、子どもの心身に回復困難な傷を負わせる保護者の不適切な養育です。子ども虐待についての社会的関心が高まる中、2000年に「児童の虐待防止に関する法律」（以下、虐待防止法）が制定され、「何人も、児童に対し、虐待してはならない」と規定されました。この法律では、子ども虐待を次の4つにわけて定義しています。

4つの子ども虐待

① **身体的虐待**　子どもの身体に外傷を生じさせる、またはそのおそれのある暴行を加えること。

② **性的虐待**　子どもにわいせつな行為をすること・強いること。

③ **ネグレクト**　十分食事を与えない、長時間放置するなど、必要な監護を著しく怠ること。

④ **心理的虐待**　子どもに著しい心理的外傷を与える言動を行うこと。

＊保護者（父母、施設職員など）の他、保護者の同居人が同様の行為をした場合や、保護者が同居人の虐待を放置した場合も虐待です。

＊本人以外のきょうだいへの虐待や保護者へのＤＶなどが本人の目の前で行われる場合も、心身に有害な影響を与える心理的虐待となります。

＊保育現場でも性的虐待の事例報告が増えています。性的虐待にきちんと対応できる専門機関を中心とした体制づくりは喫緊の課題です。

　虐待のあらわれ方は多様ですが、いずれも子どもの人権を著しく侵害する問題としてとらえることが重要です。虐待対応は子どもの権利を守るための取り組みなのです。ある行為が虐待にあたるかどうかは、「子どもにとって有害かどうか」で決まります。まわりから「その行為は虐待」と指摘されても、「そのつもりはない」と言って認めない保護者がいます。その中には、子どものことをかわいいと思っていたり、精一杯子育てをがんばっていたりする保護者もいます。しかし、行為をしている側の状況や気持ちにかかわりなく、子どもにとって有害な状況があれば、それは虐待です。

「子どもの側からみてどうか」の
視点から判断する

❷ 保育園で見られる子ども虐待のサイン

　虐待は、家庭内で行われることが多いため、保育者が直接目にできないことが多いですが、虐待されている子どもは保育園でもさまざまなサインを出しています。在園児に以下のような様子はないか、注意して見ていくようにしましょう。

虐待されている子どもの身体的な特徴
・体重の増加がない（ネグレクトに限らず、心理的な抑圧も発育を妨げることがしばしばある）。
・不自然な外傷（打撲、アザ、ヤケドなど）が常時、あるいはときどき見られる。
・お尻がいつもただれていて、同じ服装で何日も過ごすなど清潔感がない。また、季節にそぐわない服を着たり、他のきょうだいの服と極端に違っていたりする。

虐待されている子どもの行動上の特徴
・語りかけられても表情が乏しく、笑わない、視線が合わない。
・給食のとき、食欲がなかったり何回もおかわりを要求したりすることがある（過食）。
・おびえたような泣き方で、抱かれると離れたがらず、不安定な状態が続く。
・ささいなことに反応し、感情の起伏がはげしく、パニックを起こしやすい。
・ウソをつきとおそうとするなど、自分を守ろうとする。
・物に執着する。おもちゃなどを集めて他の子に貸さない。また、友だちや保育園の物を隠したり、かばんに入れたりする。

虐待されている子どもの対人関係における特徴

・用がなくても、保育者のそばを離れたがらず、べたべたと甘えてくる。
・親が迎えにきても、無視して帰りたがらない。
・わざわざ怒らせるようなふるまいをする（叱られてもコミュニケーションをとろうとする）。
・イライラ感、不安感があり、情緒が不安定である。
・自分に対して自信がなく、いつもおどおどしている。
・家で虐待されているストレスから、弱い者に暴力をふるう。
・特定の保育者以外の大人にも人なつっこい。抱っこを求めるとやまない（底なしの愛情要求）。
・こだわりが強い。

❸ 虐待と事故の見分け方

　保育園では、アザや傷があることに気づいていても、それを「虐待」とはとらえていないことがあります。保護者の「これは事故です」「しつけです」という説明をそのまま受け止めていたり、「虐待と思いたくない」という気持ちがあったりするのかもしれません。実際、本当に事故によるケガの場合もあるでしょう。虐待と事故を見分けるにはどういう点に注意していけばよいでしょうか。

虐待と事故を見分けるポイント

① **外傷の場合はその部位に注目する**
　　転んでできる部位（事故）とそうでない部位（虐待）がある。虐待の疑いがある部位は、手の甲、お尻、性器の周辺、腹部、背中、身体と顔の側面など。
② **説明は一貫しているか**
　　大きなケガをするような事故の場合は、だれが聞いても何度聞いても同じ答えが返ってくるはず。説明がクルクル変わるとしたら、虐待を疑ってみる必要がある。
③ **子どもの成長や発達との関係で不自然さはないかという視点も重要**
　　※ハイハイできない子は階段から落ちない！

「この子はちょっとぶつかっただけで、すぐアザになる」と説明される場合もあります。血友病など血が止まりにくい病気かもしれないので、保護者に事情を聞く場合には相手を責めるのではなく、事実をありのままに聞くという姿勢が重要です。

❹ さまざまなあらわれ方をするネグレクトとその背景

　保育園でかかわることが比較的多い虐待事例にネグレクトがあります。家の中に閉じ込めて登園させない、重大な病気やケガをしても病院を受診しない、子どもを家に残したまま外出したり車に放置したりする、食事を十分与えない、オムツや服など長期間取り替えない、ゴミの山の中で子育てするなどがあります。このように具体的な子育てを怠る行為の他に、言葉をかけない（無視する）・抱っこしないなど子どもからの情緒的な欲求にこたえないことや、親族や保護者の恋人などの同居人や家に出入りしている第三者が行う虐待行為を放置することもネグレクトに含まれます。

子ども虐待における「ネグレクト」とは

・子どもの健康・安全への配慮を怠っている。
・子どもの意に反して学校などに登校させない。
・子どもにとって必要な情緒的欲求にこたえない（愛情遮断など）。
・衣食住などが極端に不適切で、健康状態を損なうほどの無関心・怠慢。
・子どもを遺棄したり、置き去りにしたりする。
・同居人や自宅に出入りする第三者の虐待行為を放置する。

（「子ども虐待対応の手引き」厚生労働省、2013年8月改正版より）

　ネグレクトの背景としては、消極的なものと積極的なものとが考えられます。「消極的」な背景としては、保護者の精神疾患や障害、生活苦にせまられてのダブルワーク、保護者自身もネグレクトを受けて育てられたことによる養育能力の不足などがあげられます。一方、きょうだいの中の特定の子どもだけが受ける場合や愛情遮断などは「積極的」なネグレクトと言えます。両者が重なり合うことも多々あります。しかし、背景はどうあれ、子どもの実態から見て「ネグレクト」であれば、外からの援助は必要です。

保育園の役割はSOSに気づき支援につなげること
虐待かどうかの判定はしなくてよい

❺ ＤＶと子ども虐待

　夫婦などの「親密な関係」にある男性が暴力で女性を支配するなどのＤＶ（ドメスティック・バイオレンス。女性が加害者となる場合もある）の問題は、子ども虐待と密接な関係があります。

　父親の暴力は母親のみならず、子どもにおよぶこともあります。また、子どもは直接暴力を受けていなくても、母親へのＤＶを見ることで心に大きなダメージを受ける可能性があるため、心理的虐待の一つとされています。

　保育園からは家庭内の密室で行われることが多い父親のＤＶは見えにくいものです。毎日母親と一緒に子どもを保育園に送ってくる子煩悩な父親だと思っていたら、母親がＤＶを訴えないように見張るためだったということもあります。父親からＤＶを受けている母親が、次ページの事例のように父親の暴力を止めることができないケースや、自分のストレスや怒りを子どもに向けるという「虐待」もあります。母親はＤＶの被害者であるとともに、子どもへの加害者となることもあるのです。家族の全体像を見ることが大切です。

事例　母親にも子どもにも暴力をふるう父親

母親は２人の女児を連れて再婚、現在の夫との間にＡ男とＢ男が生まれ、６人家族。両親の就労のためＡ男は３歳児クラスに入園（その後、弟のＢ男も無認可保育所から転入）。入園面接でＡ男は事務室の引き出しを開けるなど落ち着きがなく、母親が制止しても聞かない。母親は家族のことは一切語らなかった。父親はときどき送迎に来る。普段は無愛想だが、突然なれなれしく保育者の顔をさわろうとすることがあり、園長が対応するようにする。Ａ男は父親の前ではとても緊張した表情になる。

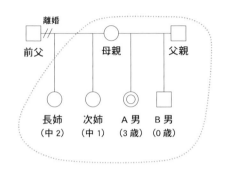

入園当初、母親へのあと追いはなかったが、ひと月したころ一日中泣いて遊びに入れない日が続く。身体や髪の汚れが目立ち、給食は保育者が異常に感じるほどよく食べる。６月、Ａ男の頬にすり傷と青アザがあることに気づき母親に聞くと「壁にぶつかった」と言い、Ａ男は「お父ちゃんがぶった」と言う。７月には母親が左腕を骨折。父母で登園した際、「オレが殴った」と父親が笑いながら言う。

夫婦でパチンコにのめりこんでおり、土日は中学生の長姉が家事をしている。ときどき迎えにくるこの長姉も腕に包帯を巻いていることがあった。Ａ男が土曜日に通っている児童館からの情報で、パチンコに負けた日に夫婦ゲンカとなって父親が母親に暴力をふるったが、母親があまり痛がらないので「痛みがわからないようだから子どもを殴る」と言って子どもたちを次々殴ったことがわかった。次姉は父親から受けたはげしい暴力で頭部から顔にかけてひどいアザとなり、児童相談所が介入して施設に入所した。Ａ男が４歳児クラスに進級したころ、ヤケドをして登園してきた。母親は、父母がパチンコに出かけている間、長姉がカップラーメンをつくっているところにＡ男がとびつき、ポットのお湯がこぼれたなどと説明する。父親が失業中のため保険に入っておらず、病院に連れていけないと言うので、保育園の看護師が応急処置をする。

保育園としては、保育の中では他児への乱暴な行為やはげしい甘えを見せるＡ男とＢ男を全面的に受け止めつつ、ネグレクトに加え、父親による母親へのＤＶと子どもたちへの暴力も見られる深刻な事例として、保育課、児童館、民生委員、児童相談所、保健所など各機関に積極的に連絡をとり、家庭訪問など対応を要請してきた。児童相談所により関係者会議が招集され、親子分離も含め対応について協議がすすんでいる。

（保育と虐待対応事例研究会『子ども虐待と保育園』より抜粋・編集）

　ＤＶを受けている母親が子どもを連れて無事脱出すると、母子生活支援施設などから保育園に通ってくることになります。母親が単身で脱出すると、子どもは児童養護施設や乳児院に入所するケースが多いのですが、その後母親が引き取って保育園に入園してくる場合があります。ＤＶの問題は、保育園だけでは対応できないので、児童相談所や保健所、福祉事務所などとよく連絡をとって対応する必要があります。

虐待対応のポイント①

ジェノグラムを書いてみよう

　ジェノグラムと呼ばれる家族図は、M・ボーエンによって考案された手法で、現在では子ども虐待対応現場をはじめとする医療や福祉などの分野で広く活用されています。原則として三世代ほどをさかのぼる家族員（血縁がなくても同居している人、家族との関係が深い人を含む）を一つの図にあらわすことで複雑な家族関係を把握し、問題を整理して、だれに働きかければよいのか（＝キーパーソン）を探るのに役立ちます。

＊キーパーソンは親以外の人、血縁のない人もなりえます。しかし、なかなか見つけられないのが現実です。家族が孤立していてキーパーソンがいないために深刻化している問題もあります。
＊続柄は子ども本人から見た呼び名で表記します。

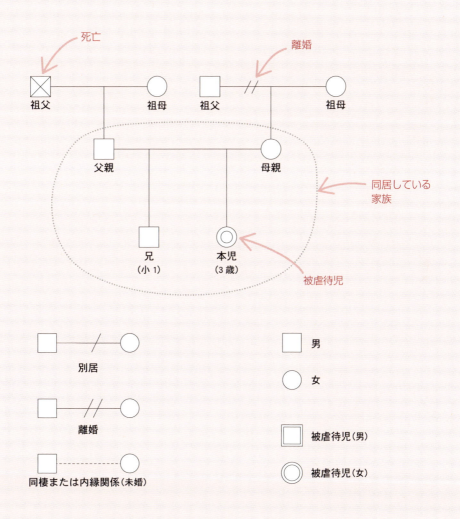

子ども虐待対応における保育園の役割

❶ 保育園とはどういう場か

　さまざまな背景を持つ子どもたちが通い、ともに育ち合う保育園。保育園では子ども虐待にどう対応していけばいいのでしょうか。保育園でできること・できないことはなんでしょうか。まずは、子どもや保護者から見て「保育園とはどういう場か」というところから考えてみましょう。

保育園は子どもにとってどんなところ？
・基本的な生活を保障されている場。
・見守られている安心感の中で自分らしさを発揮できる場。
・保育者や友だちとふれあい、人への信頼感や共感を深めながら成長できる場。

保育園は保護者にとってどんなところ？
・暮らしのもっとも身近にある機関。
・他の家庭やさまざまな行政サービスなど、社会とつながることができる場。
・未熟さがあたたかく受け止められ、失敗をくり返すことも大切な経験として支えてくれる場。

❷ 保育園ができること

　子どもや保護者と長くかかわり、「素」の姿や日常のちょっとした変化が見えやすい保育園は、「いつもと違う」「これはちょっと心配だ」という様子にいち早く気づき、見守り、きめ細かく対応していくことができます。この特徴を生かし、子ども虐待対応においても、虐待予防、早期発見（通告）、支援、見守り、連携・引き継ぎのいずれの段階でも重要な役割を果たすことが期待されています。子ども虐待対応における保育園の役割は、「日中の子どもへの保育」と「保育園で行える保護者への支援」です。いずれも、日常の保育の中で行うものです。これは、保育園だから「できること」です。

保育園ができること

・日々の保育を通して、子どもに安心できる生活を保障し成長・発達を支援する（継続的な登園そのものが子どもにとっての「支援」となる）。
・優先入所の受け入れ・保育時間延長など「子どもを預かる」ことで保護者の育児負担を軽減する。
・子育てが行き届いていないところを部分的に支援する。
・保護者の困っていることや子育ての悩みについて一緒に考える。
・保護者が他の保護者やさまざまな専門機関とつながることをサポートする。
・「この家庭は心配だ」と感じた段階で関係機関に連絡・相談する。記録をとる。
・日常保育の中で子どもを見守り、虐待の早期発見につとめ、緊急性を判断をする。
・虐待や虐待の疑いを発見した場合はすみやかに通告し、関係機関と連携して対応する。

➡ 子どもの保育についてはp66、保護者支援についてはp58参照

❸ 保育園にはできないこと

　その一方で、保育園には「できないこと」や、危険をともなうため「やってはいけないこと」もあります。

　たとえば、保護者とのかかわりについて考えてみましょう。保護者自身が病気や障害、経済的な困難などを抱えていて上記にあるような支援だけでは問題解決がすすまないときは、家庭の中にもっと深く入り込み、多角的・継続的に対応していく必要があります。しかし、それは保育園には「できないこと」です。そうしたことをきちんと行う

保育園による虐待対応の特徴は
日常保育の中で行うということ

ための専門性や人員などを十分持ち合わせていないからです。そういう場合は児童相談所や子ども家庭支援センターなど他の専門機関につなぎます。複数機関が連携して動き出すことで、保護者への支援の幅が広がり、保育園も保育に専念できます。

子どもとのかかわりについてはどうでしょうか。被虐待児や虐待が疑われる子どもの「見守り」は保育園の役割の一つですが、24時間見守ることはできません。保育園が知りうる家庭の情報は全体の2割程度とも言われます。夜間や休日など保育園から死角となる時間帯が心配だと感じるときは、関係機関に対応を要請しましょう。

子どもや保護者の身に危険がせまっていることに気づいたとき、園が単独でかかわることはとても危険です。警察、児童相談所、子ども家庭支援センターなどにすぐに連絡します。一時保護や親子分離なども、保育園が「できないこと」です。保育園が児童相談所の業務を肩代わりしないようにします。一時的な親子分離の場合は、子どもが保育園に帰ってくることが想定され、保育園は子どもや保護者との信頼関係を保持しておくことが大切だからです。それぞれの専門機関が適切に動けるよう、保育園には緊急性を察知し、機敏に関係機関につなぐ行動力が求められます。

保育園にはできないこと

- 子どもの夜間・休日の見守り（保育園が見守れるのは平日・日中のみ）。
- 全面的な家事支援（一時的、部分的には可能でも、すべて引き受けることはできない）。
- 保護者の病気・障害・アルコール依存などへの対応（うつによるネグレクトも多い。保護者への対応は専門機関に）。
- 子どもの一時保護・入院（親子分離のための保護や入院、移送に保育園がかかわると、保育者との信頼関係が崩れ子どもが傷つく）。
- 保護者への経済的援助（さまざまなサービスがあることを知らせ、窓口へつなぐことが大切）。
- 危険性・緊急性のある場合の対応（命にかかわる子どもへの虐待や保護者へのＤＶの他、保育者に危険がおよぶ可能性がある場合も、保育園が自ら対応してはいけない）。

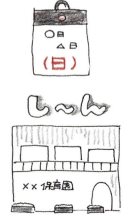

❹ 保育園だけで抱え込むのは危険です

　洗濯や送迎、朝食提供やシャワー……。目の前の子どもの状況を見かねて、子育ての行き届かない部分を保育園がカバーすることがあります。保護者自身の生活面のフォロー、精神面の支援まで抱え込むこともあります。そうすることで、なんとか現状の親子での生活が継続しているということも少なくありません。保育園はかなりのことができるとも言えます。「私たちがもっとがんばらなければ」と、対応できないのは保育者の力量が足りないからだと思っている保育者もいます。しかし、そうしたきめ細かな支援を、いつまでも続けられるわけではありません。心身にかかる重い負担から、職員がバーンアウトしてしまうこともあります。

　「見過ごせないから」と、当面「できること」を保育園だけで抱え込んでしまうと、突然の休・退園でその家庭と保育園との関係が途切れたとき、深刻な事態を招きます。職員の奮闘で、たとえ在園中はサポートし続けることができたとしても、保育園としかつながっていないまま卒園を迎えたら、やはり危険です。「保育園の抱え込み」は子どもと保護者の孤立を招くのです。保育園だけで「子どもに責任を持つ」ことはできないということを自覚しましょう。

　保育園が「できること」と「できないこと」を仕分けること。「できないこと」は関係機関につなげ、必要な対応を要請すること。保育園の「抱え込まない」姿勢が、機関同士の連携をひらきます。

困難事例を保育園が抱え込まず、早期に関係機関と連携することで期待できること

・迅速な初期対応ができる（逆に保育園が抱え込むことは初動の遅れにつながる）。
・複数機関が連携することで、状況の急な変化にも対応できる。
・医療や生活保護、家事支援など保護者が受けられる支援の幅が広がる。
・卒園後も含めた切れ目のない支援体制づくりに早期から着手できる。
・保育園職員の安全や健康が守られ、日常の保育に力を注ぐことができる。

子どもを守るために
あきらめない・抱え込まない

第 ii 部

保育園における
子ども虐待
対応の流れ

第 ii 部
保育園における子ども虐待対応の流れ

図解

子ども虐待対応フローチャート

保育園では子ども虐待に次のような流れで対応していきます。養育困難家庭への支援も基本的には同様の流れとなります。第 i 部で見てきたように、日常保育の中で保護者と子どもを一体的に受け止め支援することが保育園における子ども虐待対応の特徴です。どの局面においても、土台には日常の保育があります。

気づき ➡ p 24参照

- かかわりがない、または不自然といった保護者と子どもの関係、情緒不安定・暴言・暴力・過剰に甘える・服装の乱れ・身体の傷やアザといった子どもの様子など養育困難や虐待のサインが出ていないか、常にアンテナをはっておく。
- 「気づき」は保育がはじまってからとは限らない。入園にあたっての書類の記載内容、入園面接も要注意。
- 「何かおかしい」という違和感を流さない。「事が起こる前」でも、児童相談所や子ども家庭支援センターなどに「心配な親子がいる」と知らせておく。行動につなげてこそ「気づき」。

違和感に気づいたら

園内の体制づくりと見守り ➡ p 28,32参照

① 情報を収集する・記録をとる
- 職員は、それぞれでつかんだ情報を園長に報告する。
- 園長は、集まった情報を整理し、全職員に周知する。
- 継続的に記録をとる。

② 園内での役割分担を決める（複数対応の原則）
- 子どもの保育・保護者支援などそれぞれ担当する人を決める。
- 園長は担当者をフォローし、クラスを支える職員体制づくり、園内ケース会議、研修などをすすめる。

③ 園内での見守り
- 日常保育の中で見守りを行う。
- 園長は、保育園だけで支援していけるかを判断する。虐待・虐待の疑い、緊急性がある場合はすみやかに通告する。

そして引き継ぎ・ケース離れへ　➡ p 48 参照

転居や卒園によって保育園の手を離れたあとも、見守りや支援が継続される体制をつくる

- 在園中から関係機関との関係を築き、保育園が行っていた支援をどこが引き継ぐかを見届ける。

いずれ保育園の手を離れることを見通して

関係機関との連携　➡ p 42 参照

① 学校、児童相談所、保健センター、子ども家庭支援センターなど関係機関と連携して支援する

② 関係者会議を行い、継続的な見守り体制をつくる

- 虐待あるいは養育困難の状況により必要なときは関係者会議の開催を要請する。
- 会議では情報収集と支援方針・役割分担の検討・確認を行う。
- 保育園からは、園で把握している情報やそれまでの支援の経過、関係機関に担ってほしい支援内容を具体的に伝える。

*複数機関による
チームワークで
支援する*

通告は連携のはじまり

通告・相談　➡ p 36 参照

虐待または虐待が疑われる場合や養育困難で関係機関による支援が必要だと感じたら、市町村の担当課・児童相談所・子ども家庭支援センターなど、各自治体の虐待通告・相談窓口に連絡する

- 記録をもとに、伝える項目や内容をあらかじめ書き出しておく。
- 行政の担当課（保育課など）や園の運営法人にも連絡する。

*保育園だけでは
対応が困難だと
感じたら*

子ども虐待はどの園でもだれでも
遭遇する可能性があります

気づきと初期対応

❶「気づき」は入園前からはじまります

　入園内定通知の書類には重要な情報が記載されていることがあるので、よく確認しましょう。事前におおよその情報を把握しておくことは、その後に行われる保護者との「入園面接」の際に役立ちます。

1）「入所要件」を確認する

　内定通知書類の「入所要件欄」や「備考欄」などを確認します。入所要件が「保護者に疾病がある」「不存在（両親の死亡・行方不明・拘禁など）」「その他」などとなっている場合、「意見書つき」などの記載がある場合、関係機関の担当者名などが書かれている場合はとくに注意が必要です。

＊関係機関が虐待予防の観点から保育が必要だと判断した子どもや、被虐待児のうち児童相談所が親子分離は必要ないと判断したケースは、待機児童の有無にかかわらず、優先的に保育園に入園させることになっています。 ➡ p 109 参照

2）関係機関に問い合わせる

　「虐待されている」「虐待やＤＶなどを行うおそれがある」といった理由で優先的に入園してきたことが事前に保育園に知らされている場合はむろんのこと、そうした情報はなくても書類の段階で気になる点があったときは、保育課の入園事務担当者にどの機関や担当者がかかわっているかを問い合わせます。かかわりのある機関がある場合は、その担当者に連絡を入れて詳細を確認します。

＊関係機関のほうから連絡がくることもありますが、事前に連絡がないこともあります。年度末・新年度など担当者が変わる時期は要注意です。

3）記録をとりはじめる

　この段階から、得られた情報や関係機関とのやりとりの経過をしっかりと記録に残していくことが大切です。 ➡ p 34 参照

❷ 入園面接・健康診断は「気づき」のチャンス

　入園前に行う「面接」や子どもの「健康診断」は、子ども・保護者との関係づくりの出発点であるとともに、「気づき」のチャンスでもあります。情報を整理・共有し、複数体制でのぞみます。入園が内定している子どもや保護者と実際に顔を合わせ、話をすることで、どの家庭がどんな問題を抱えているかということが少しずつ感じられるようになってきます。 ➡ p 26参照

❸ 保育の中で感じる違和感から具体的な行動へ

　入園以降も、出産、仕事、病気や事故、夫婦関係など、保護者をとりまく状況が変化していくことがあります。その中で、入園時には目立たなかった問題が大きくなったり、新たな問題が発生したりすることもあります。子どもの体重減や傷などはっきり目に見えるものの他にも、保育者が何気なく手を振り上げたり大きな声を出したりしたとき、子どもがさっと身体をかたくしたなど、保育者の直感で「あれ？」と感じることがあったら、そのままにしておかないことが大切です。 ➡ p 9参照

　「気づき」とは、単にその事実を知っているということではありません。違和感を感じたら、なぜこのような状況になっているのか、子どもや保護者をよく観察して背景を調べること、園長が中心となって園内体制を整えること、そして、保育園だけでは支えきれないと判断したら関係機関と連携し、虐待が疑われるようなら通告するなど、具体的に行動することまでを意味します。「知っている」「心配している」だけでは、子どもを守ることはできないのです。

「あれ？」という違和感から次のステップへ

①	自分で抱え込まない	園長に報告・相談する。
②	記録をとりはじめる	日時・記録者を明記し、事実を客観的に書く。
③	園全体に周知する	朝礼、終礼、職員会などで、全職員で情報共有する。
④	家庭状況をつかむ	子どもの様子、保護者・親族との会話、関係機関から情報収集する。
⑤	関係機関に連絡する	「心配」の段階で一報を入れる。虐待が疑われる場合は通告する。

「気づき」に求められるのは
観察眼と判断力、そして行動を起こす勇気

虐待対応の ポイント ②
入園面接での注意点

❶ 面接の準備・手順

1) 面接を行う前に園内で情報を共有する

- 個人情報を守ること、事実を客観的に伝え合うことを職員全体で確認します。
- 入園面接の前に打ち合わせを行い、事前に把握している配慮を要する家庭などの情報について報告し、面接に備えます。

2) とくに注意が必要だと感じた保護者への面接はできるだけ複数職員で行う

- 園長は保護者の話をていねいに聞く／職員は記録をとるなど、それぞれの役割分担を明確にしておきます。
- 事前の情報・面接中の様子から、必要に応じて看護師や栄養士なども同席します。

3) 時間と場所に配慮する

- 正確な聞きとりをするためには、保護者からなるべく多くの情報を引き出すことが必要です。余裕を持って対応できるよう、面接する場所に配慮するとともに、場合によっては別日に改めて面接を設定します。

4) 保育開始に備え、再度職員全体で情報を共有する

- 入園面接のあとにも打ち合わせなどを行い、新たに入園する全家庭の情報を整理し、必ず全職員で共有できるようにします。
- 園長が個別に行った面接や電話連絡などの内容も共有します。
- とくに担任には、養育状況に加え、保育時間・送迎者・関係機関とのかかわりの状況などわかる限りの詳細な情報を伝えることで入園日に混乱することを防ぎます。

❷ 保護者と面接する際の注意点

1) まずは安心してもらう

- はじめて来園してきた保護者に、まずは保育園に入園することで「困っていることを相談できる場所ができた」と思ってもらえるような対応を心がけることが大切です。
- 入園後も含め、保育園は個人情報を守ることを保護者にしっかりと伝えます。

2) 話したがらない内容については、無理に聞き出そうとしない

- 入園後、時間をかけてていねいに対応していきます。

❸「あれ？」と感じるのはこんなとき！

保護者の様子から
- 面接時に必要な書類をとりにこない、保育園から連絡がとれない、祖父母や家族が代理で書類をとりにくる。
- 母親（または父親）が一人で子どもを連れて来られず、祖父母につき添われて来園する。
- これまでの養育状況を語れない。書類に記入できない。
- 父母が一緒に面接に来るが、父親は異様なほど話す一方、母親は無言（ＤＶの可能性あり）。
- 保護者に疾病がある（とくに精神疾患）。
- 特定妊婦（若年だったり精神疾患を抱えていたりして、出産前から養育支援訪問事業などの対象となっていた妊婦）である。
- 母子手帳を持っていない（紛失、未申請など）、健診や予防接種の記録がない、保健所の記録欄に要経過観察との記載がある。
- 面接中、同じ話をくり返す、目が合わない、何度も離席するなど落ち着きがない。
- 入園前に子どもが大ケガを負っていて、状況を聞いても話のつじつまが合わない。

子どもの様子から
- 体格がきわめて小さい。
- 視線が合わない。
- 服や身体が汚れている。
- 落ち着きがなく、走り回る、制止が利かない。
- はじめての環境に不安になって泣くのは自然だが、面接の時間中ずっと保護者にしがみついていたり、指しゃぶりをしていたりするなど不安の度合いが強い。

保護者と子どもの関係から
- 保護者が大声を出して子どもを叱る、どなる、ときにはたたく。
- 子どものことを無視するなど、保護者が子どもに無関心。
- 保護者の言うことをわざと聞かない、はげしいダダコネなど、子どもの不自然な態度。

②

園内体制づくり

❶ 複数対応の原則

被虐待児のさまざまな要求や問題行動に対応しながら、クラス全体の保育をすすめていくことは一人担任では困難です。複数担任としたり、個別対応時には応援体制をとったりするなど、複数で保育できる体制を整えることが求められます。

また、子どもの保育をしながら、保護者への適切な支援を行うこともかなり困難です。送迎時の保護者とのやりとりが長時間にわたることも多くなります。園長・主任が保護者を支えることを基本に、担任が複数の場合は、たとえばおもに保護者対応する保育者と子どもの生活面をていねいに見ていく保育者などと分担します。保護者によってはフリーの保育者や看護師が担当するほうがふさわしい場合もあります。

さらに、保育園単独ではなく、関係機関と連携し、複数機関で対応していくことも必要です。こうしたことを総称して、「複数対応の原則」といいます。

❷ 園内ケース会議・情報共有・研修

まず、日頃から養育状況や子どもの様子に不審な点があれば園長に必ず報告する体制をつくっておく必要があります。そして、虐待が疑われる子ども、心配な子どもへの対応は担任任せにせず、職員会議（ケース会議）を開いて、職員全体で情報共有し、必要な援助や役割分担を検討します。事例報告の書式や会議の持ち方など、各園に合った形を探りましょう。被虐待児の行動特徴や保護者対応について研修や学習会を行うなど、職員全体で理解を深めることも有効です。

事例報告の項目例
・事例概要（ジェノグラム、入園の経緯、家族の状況など）。
・虐待や養育困難と思われる状況（傷であれば日時や色・大きさなど具体的に）。
・子どもの様子と保育、保護者の様子と保育園の対応の経過（記録をもとに事実を時系列で書く）。
➡ p 53 からの第ⅲ部参照。各事例の紹介は「保育と虐待対応事例研究会」での事例報告文書をもとにしています。

＊会議ではプライバシーに深くかかわる情報を扱います。守秘義務の遵守を再確認します。

❸ 担任を孤立させない職員体制

　被虐待児を含むクラスは複数担任とする、フリーの保育者が入る、保護者に対応する担当者はクラス担任とは別にするなど、園全体の職員配置を調整します。現実には職員体制には制約があり、園内の努力だけではむずかしい面があります。職員を守るためにも、必要に応じて自治体の担当課に加配などを要請しましょう。

❹ 緊急時の対応方法の確認・園外との連携

　園長・主任・担任の不在時や突発的に問題が起きたときの対応方法もあらかじめ確認しておきましょう。暴力をふるうおそれのある保護者との面談には女性一人であたらず、男性職員や他機関の職員とともに複数で対応するなど、職員の安全対策も大切です。
　複数対応の原則は、園内にとどまるものではありません。夜間や週末の見守り、保護者本人の抱える問題への対応には関係機関の力が必要です。園内体制を整えることで終わりにせず、園外の専門機関とも連携をとり、複数機関で対応するようにしましょう。

＊下は緊急時連絡網の一例。各自治体における実際の機関名、電話番号、担当者名、電話がつながる時間帯、時間外の連絡先などを適宜書き込み、目につくところに掲示するとよいでしょう。

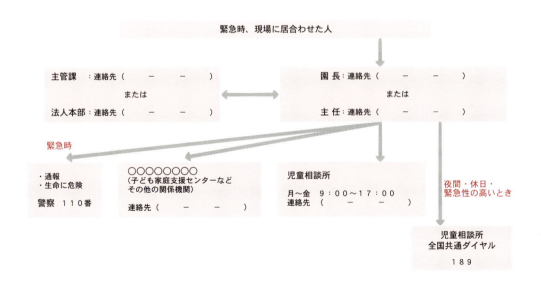

一人で抱え込まない
担任を孤立させない

虐待対応のポイント③
園長の役割

　虐待対応においては、とくに園長の姿勢が重要になります。園長に求められる役割とはなんでしょうか。

❶ 園長は子どもと職員を守る「危機管理者」

　園長には、災害・不審者・事故・在園児への虐待など、不意に起こる問題に対応する危機管理者としての役割があります。中でも子ども虐待対応においては、職員全体の要となるべき存在です。担任は、日常の保育に加え、保護者から一方的に攻撃されたり、悩みや不満を長時間聞かされたりと、心身ともに疲労度の高い日々が続くことが多々あります。職場の仲間にも理解されず、一人で抱え込んでしまうこともあります。子どもと保護者、各クラスの状況に注意を払い、子どもと職員を守る手だてをとることが園長の重要な役割になります。「担任を孤立させない」「複数対応の原則」を念頭に、園長のリーダーシップで園内体制づくりをすすめます。　➡ p 28参照

事例　職員を守る「複数対応の原則」と研修

　30代の父母とC子・弟の4人家族。専業主婦の母親はパーソナリティ障害と診断され、C子は3歳児クラスから入園する。母親は食事を用意しないなどのネグレクトの他、「あんたなんか死んじゃえばいい」など言葉の暴力もある。

　入園当初、C子は遊びの輪に入ってはこわしてしまうことが続いたが、登園を継続する中で次第に友だちとの共感関係も生まれるようになった。しかし、母親への対応については困難が続いた。母親は日常的に職員のだれかを悪者にし攻撃する。担任が母親の長時間の話し込みに巻き込まれないよう母親への対応は園長と保健担当職員が行うとともに、母親の行動を記録して職員間に誤解が生じないよう園内で共有した。それでも職員は母親の言動に憤慨し、精神のバランスを失いそうになった。担任も心身ともに疲れ果ててしまう。

　子ども家庭支援センターに相談したところ、精神保健福祉センターの医師を紹介され、職員全員でパーソナリティ障害について説明を聞いた。また子ども家庭支援センターのカウンセラーからは「心の健康を保つには」の講義を受け、その後担任は個別にカウンセリングを受けた。担任の表情に明るさが戻り、母親とのつきあい方にも客観性が生まれてきた。母親の病気は保育園で改善できないが、研修によって病気を理解することで、職員は自信を持って対応できるようになった。関係者会議は定期的に開かれ、家族をどう支援していくか、継続的に検討されている。

（保育と虐待対応事例研究会『続 子ども虐待と保育園』より抜粋・編集）

❷ 関係機関との連携と関係者会議への参加

　園長は「気づき」の段階から家庭状況など虐待の背景をよく観察し、理解する必要があります。虐待通告は園長の重要な役割です。

　また、保育園では、朝食をとらずに登園してきたときの食事提供、モーニングコールやシャワーまでを行うこともありますが、保育園でできることは限られています。そしてその「できること」であっても、保育園だけで抱え込まず、児童相談所や子ども家庭支援センターなど、関係機関と連携して取り組むことが重要です。

＊家庭状況によっては、保健所や福祉事務所、生活福祉課などが窓口となって、食事や入浴、送迎などの支援を受けられることがあります。

　園長は、関係者会議にも参加します。記録をもとに子どもや保護者の状況と保育園の対応で限界と思われることをしっかりと伝えましょう。担任保育者も同席できるとよいでしょう。現実には、関係機関との連携は、ただ待っているだけではすすまないことがあります。関係者会議の開催が必要なのに招集されない場合は、開催を要請するなど、保育園のほうから動くことが必要です。

❸ 園長自身を支える人と場所の確保

　最後に園長自身の研鑽の大切さについてふれておきましょう。園長には保護者や職員から多岐にわたる内容の相談が寄せられます。関連する研修に参加するとともに、日頃から社会のさまざまな問題に関心を持ち、子育て家庭の置かれた現実や背景への理解を深めるようにしましょう。

　また、虐待対応にあたっていると、必死に取り組んでいたまじめな職員が燃え尽きてしまうことがあります。園長自身も大きなストレスを抱えることになります。職員だけでなく園長にも安心して悩みやストレスをはき出せる場所が必要です。自分の判断がまちがっていないか、どのように対応したらよいか迷うとき、身近に相談できる人や「勉強会」などがあれば、園長にとって大きな支えとなるでしょう。

＊私たち「保育と虐待対応事例研究会」には、自園の虐待事例について相談できる場を求めて多くの保育者が参加しています。全国どの地域の保育者の身近にも、事例検討ができる場や時間、状況を見てアドバイスをしてくれるスーパーバイザーの配置が必要だと考えます。

③

見守りと記録

　保育園における虐待対応でもっとも期待されているのは「気づき」と「見守り」です。近年では、すぐに親子分離すべき段階ではないと判断されて、優先的に入園してきた被虐待児の「見守り」を求められる事例が目立つようになりました。「親子分離」されたあとで「家族の再統合」がなされる場合も、保育園での「見守り」を期待されて入園してきます。また、関係機関からの要請ではなく、園内での「気づき」から「見守り」がはじまる場合もあります。

　「見守り」といっても、単に子どもの様子を見ながら一生懸命保育をしていればよいということではありません。どんなことが求められているのでしょうか。

❶ 関係機関から「見守り」を期待されて入園してきた場合

1) 職員会議で「見守り対象児」であることを確認する。
2) 入園にかかわった機関（児童相談所、子ども家庭支援センター、保健所など）に連絡をとり、「虐待が疑われる状況」「見守りの重点」「家庭状況」を聞く。その際、保護者の見守りや支援を担当している機関にも連絡を入れ、状況を聞く。
3) 子どもの保育をする人・保護者対応をする人を決めるなど園内体制を整えて保育をすすめると同時に個別の記録をとりはじめる。定期的に園内でケース会議を行う。
4) 関係者会議の開催を要請して、関係機関と連携して支援にあたる。

❷ 保育園での「気づき」から「見守り」をはじめる場合

1) 家庭状況や子どもの行動、身体状況などを通して「変だな」と思うことを記録する。
2) 園内体制を整えて保育をすすめる。定期的に園内でケース会議を行う。
3) 虐待が疑われる場合は、すみやかに通告する。
4) 必要に応じて関係者会議の開催を要請して、関係機関それぞれの役割と支援方針を明確にして支援にあたる。

＊子どもへの保育にあたっては、子どもの行動特徴に応じて、特別な配慮やより意図的なかかわり、ていねいな記録とふり返り、それを支える体制が必要となります。 ➡ p 66参照

❸ 記録をとる

　見守りと記録はセットです。見守り対象の子どもについては、日誌や児童票とは別に個人ごとに用紙を設け、日時・記録者を明記し、事実を具体的に記録していきましょう。

とくにもらさず記録しておくこと
- 身体状況（ケガ・傷・アザ・顔色など）。
- オムツ・着衣・入浴状況など、身体・衣類の清潔さ。
- 食事・栄養状態、健康状態。
- 子どもの問題行動、送迎時の保護者の様子・子どもとの関係で気づいたこと。
- 保護者からの要求・クレームなど。

❹ 見守りの終了と「まとめの協議」

　卒園・退園などで保育（見守り）が終了するときは、関係機関に報告します。園内で「まとめの協議」を行い、必要な支援が確実に引き継がれるようにします。 ➡ p 50参照

「まとめの協議」の内容例
- 事例の概要（子ども・保護者の様子、虐待と思われる点）。
- 園で行ってきた対応・支援の経過。
- 保育園から見て今必要な子どもへの配慮や保護者への支援、今後を見通して課題だと思うこと。

虐待対応のポイント④
記録の方法と記入例

　保育日誌など毎日の記録があっても、いざ事例報告をまとめようとすると、必要なことが記録されていないことがあります。「虐待かな?」と思ったとき、保護者とのトラブルや子どもの問題行動が続くとき、見守りを要請されたとき、卒園後も継続して見守りが必要だと感じたときは、日誌や児童票とは別に記録をとりましょう。

❶ 何を記録するか

- ・ジェノグラム ➡p 15参照、および入園の経過・入園時の様子（できるだけくわしく）。
- ・事件やトラブルは事実にそって書く。アザや傷は可能なら写真にとり添付する。写真が無理なときは、色や大きさの情報やスケッチなど具体的に。
- ・子どもの様子から問題が見えてくることもあるので、いつごろからどういう行動が見られたのかがわかるよう継続的な視点で。
- ・園の対応、担任の働きかけ、園長や他の職員のかかわりや面談（発言内容）など、日時を含め正確に。

記録はこんなときに役立ちます
- ・園内のケース会議で報告したり保育を見直したりするときの資料になります。
- ・関係者会議で報告するときの資料になります。
- ・児童相談所などに「虐待通告」するときの証拠資料となります。
- ・家庭裁判所に提出する場合、そのときどきに記載されている記録は有力な証拠資料として扱われますが、後日まとめたり改めたりした文書は参考資料的な扱いとなります。

❷ どのように記録するか

- ・日時、記録者を明記し、事実のみを正確に記録する。
- ・記録者の感情や考察・推測は事実経過の中に盛り込まず、別枠にしたり「考察」などと見出しをつけたりして区別して記載する。
- ・必ず保育日誌や児童票記録とは別にとる（保育日誌や児童票記録は公式文書として長く保存され、情報公開制度における開示請求の対象ともなるため要注意。ＤＶなどのケースにおいては記録が加害者の目にふれることで家族の安全がおびやかされるおそれがある）。

児童名　○○ D男	○○○○年○月○日生まれ	4歳児クラス　　記録者　○○○○

家庭状況	入園時の状況	ジェノグラム
・両親ともに20歳のときにD男が生まれ、その後離婚。 ・2歳児クラスのころ妹が生まれ、3歳児クラスのころ継父と再婚。	・おば家族と同居。 ・祖父母とは疎遠。 ・母親はパート就労。 ・欠席が多い。	D男

日時	子どもの様子	保育園での対応
4/15	D男の頬が赤く、「パパがたたいた」と言う。母親の説明は二転三転する。 左頬に手型のあと	顔のアザを見て母親から話を聞くが、話をはぐらかそうとするため、保健師・主任児童委員に連絡して見守りを依頼。
5/8	休み明け、額に傷あり。D男は継父がやったと言うが、母親は「自分が怒ってたたいてしまった」と話す。 5cmほどのすり傷	D男の状況を園内に周知し、とくに休み明けは身体の観察を重視することを園全体で確認する。
5/20	家庭で大腿部にヤケドし救急搬送される。「自分で味噌汁をこぼした」と母親は話す。 10cmくらいのヤケドあと	子ども家庭支援センターに連絡。今後も、D男の状態によって、子ども家庭支援センターと密に連絡をとるようにする。

関係機関との連絡内容、他の保護者とのかかわりについても記録する。
保護者からのクレームや電話でのやりとりも大切。

児童名　○○ ○○		登園チェック表			記録者　○○○○

日時	出欠席	登園時間	降園時間	朝食	備考
4/10	欠				連絡なし。
4/11	○	10：40	18：35	×	母親の友人と一緒に降園。
4/12	欠				昼すぎに体調不良との連絡が入る。
4/13	欠				連絡なし。

入浴の有無・体重など、その子どもの状況を適切に把握するために必要な項目を設けて継続的に記録していきましょう。

ケガや保護者とのやりとりなどは別用紙に。

通告・相談の手順

❶ 通告・相談するタイミングと方法

　虐待の事実を把握したとき、あるいは「虐待かもしれない」と感じたとき、保育園には担当機関に通告する義務があります。通告を受理した機関は、48時間以内に調査に動く義務があります。虐待かどうかの判定を保育園がする必要はありません。大切なことは、子どもの安全を守るために迅速に対応できるかどうかです。通告は、意図的な虐待対応のはじまりです。 ➡ p 108参照

1)「被虐待児連絡票」などに記入して、市町村・児童相談所・子ども家庭支援センターなど担当機関に伝えたいことを整理する。
2) まずは、電話など口頭で相談し、その後、自治体によっては文書通告する。

＊虐待通告は守秘義務違反にはあたらないとされています。 ➡ p 109参照
＊「虐待の疑い」で「通告」できます。「相談」では動いてくれないケースも多々あります。
＊電話だけでは「情報提供」にとどまる扱いにされることがあります。文書で通告することにより、対応責任が明確になります。 ➡ p 40参照
＊通告については、行政や保育園を運営する法人の担当部署にも報告します。
＊電話で情報提供（通告・相談）した担当者とは一度は会って話しましょう。
＊通告後、受理機関から連絡（動き）がないときにはくり返し状況を問い合わせ、その後の保育園での様子も報告して、関係を切らないようにします。

❷ 通告・相談するとき何をどう伝えるか

　通告・相談にあたっては、以下の内容を具体的な事実をもとに、簡潔に伝えます。

1）不審な傷やアザの状況、ネグレクトなど虐待と思われる（心配な）内容。
2）保育園が対応してきたこと（支援内容）。
3）保育園の対応だけでは困難な点、関係機関に対応してもらいたいこと（今すぐしてほしいこと、今はまだよいが状況の変化があったとき対応してほしいことなど）。

＊通告にあたっては、それまでとってきた見守りの経過記録などが役立ちます。記録がない場合でも、通告前に情報を整理しておき、改めて意識的に記録をとりはじめます。
＊内容を伝えるときは個別面談や関係機関とのやりとりの中で知った情報も伝えます。

通告時に伝える内容例
① 虐待と思われる内容・心配なこと
〈入園時の保護者と子どもの関係（入園面接）での気づき〉
・子どもは落ち着きがなく走り回り奇声をあげる。保護者は無視・無関心。
・母子手帳に妊婦健診、子どもの健診、予防接種などの記録がほとんどない。
〈入園後の子どもの様子〉
・欠席が多い（通告時までの出欠席状況）。
・衣服や身体が汚れている。食事が十分与えられていない。
・身体に傷があり、親の言うことと子どもの言うことにくい違いがある。
〈入園後の保護者の様子〉
・保育者のいないところでたたいている（人前でやっていたらより深刻な事態）。
・朝起きることができず、登園が途切れがち。
・薬物やアルコール依存、発達障害などが疑われる。

② 保育園がしてきた支援
〈子どもへの対応〉
・シャワーをする、衣服を着替えさせるなど清潔に生活できるようにしている。
・朝食を食べてこないときは給食までにおやつ、離乳食などを食べさせている。

通告は虐待対応のはじまり
そして関係機関との連携の入り口

〈保護者への対応〉
- 子育ての大変さ、つらさなど話をよく聞いて受け止め信頼関係を築くようにした。
- 登園が継続するよう電話を入れて登園を促したり、迎えに行くこともあった。

③ 関係機関に対応してもらいたいこと
- 保育園としてはネグレクトを疑っているけれど、家庭内の状況が把握できない。状況を調べ、心配な状態なのかどうかを判断してほしい。
- 保育園は子どもの保育と、保育園ができる保護者支援につとめるので、保護者が抱える問題への対応、朝食やシャワーなどの家事や送迎の支援、夜間の見守りなどをしてほしい。

❸ 要支援児童についての情報提供

　養育困難を抱える家庭に対してより早い段階から支援を行うことは、虐待の発生を防ぐことにつながります。2016年の児童福祉法の改正を受けて、保育園にも、若年の母親や産後うつが疑われる母親、さまざまな理由で養育困難な状況に置かれた要支援児童に出会ったときは、市町村に情報提供することが求められるようになりました。
　「虐待通告」以前の「ちょっと心配」の段階から、関係機関とつながっておくということです。情報を提供した保育園は、情報を受理した機関からその後どんな支援を行ったのかの経過を報告してもらうことができます。これは日常の見守りをする保育園にとって貴重な情報になります。積極的に報告を求めましょう。　➡ p 39,110参照

＊この情報提供も、虐待通告と同様、守秘義務違反にはあたらないとされています。

通告・相談の手順

資料

要支援児童等チェックシート（乳幼児期）

厚生労働省 2016 年 12 月 16 日通知（雇児母発 1216 第 2 号）別表 2 より

虐待の発生予防のために、保護者への養育支援の必要性が考えられる児童等（「要支援児童等」）の様子や状況例【乳幼児期】

○このシートは、要支援児童等かどうか判定するものではなく、あくまでも目安の一つとしてご利用ください。
○様子や状況が複数該当し、その状況が継続する場合には「要支援児童等」に該当する可能性があります。
○支援の必要性や心配なことがある場合には、子どもの居住地である市町村に連絡をしてください。

		☑欄	様子や状況例
子どもの様子	健康状態		不定愁訴、反復する腹痛、便通などの体調不良を訴える。
			夜驚、悪夢、不眠がある。
	精神的に不安定		警戒心が強く、音や振動に過剰に反応し、手を挙げただけで顔や頭をかばう。
			過度に緊張し、担任教諭、保育士等と視線が合わせられない。
			大人の顔色を伺ったり、接触をさけようとしたりする。
	無関心、無反応		表情が乏しく、受け答えが少ない。
			ボーっとしている、急に気力がなくなる。
	攻撃性が強い		落ち着きがなく、過度に乱暴だったり、弱い者に対して暴力をふるったりする。
			他者とうまく関われず、ささいなことでもすぐにカッとなるなど乱暴な言動が見られる。
			激しいかんしゃくをおこしたり、かみついたりするなど攻撃的である。
	孤立		友達と一緒に遊べなかったり、孤立しがちである。
	気になる行動		担任教諭、保育士等を独占したがる、用事がなくてもそばに近づいてこようとするなど、過度のスキンシップを求める。
			不自然に子どもが保護者と密着している。
			必要以上に丁寧な言葉遣いやあいさつをする。
			繰り返し嘘をつく、空想的な言動が増える。
			自暴自棄な言動がある。
	保護者への態度		保護者の顔色を窺う、意図を察知した行動をする。
			保護者といるとおどおどし、落ち着きがない。
			保護者がいると必要以上に気を遣い緊張しているが、保護者が離れると安心して表情が明るくなる。
	身なりや衛生状態		からだや衣服の不潔感、髪を洗っていないなどの汚れ、におい、垢の付着、爪が伸びている等がある。
			季節にそぐわない服装をしている。
			衣服が破れたり、汚れている。
			虫歯の治療が行われていない。
	食事の状況		食べ物への執着が強く、過度に食べる。
			極端な食欲不振が見られる。
			友達に食べ物をねだることがよくある。
	登園状況等		理由がはっきりしない欠席・遅刻・早退が多い。
			連絡がない欠席を繰り返す。
保護者の様子	子どもへの関わり・対応		理想の押しつけや年齢不相応な要求がある。
			発達にそぐわない厳しいしつけや行動制限をしている。
			「かわいくない」「にくい」など差別的な発言がある。
			子どもの発達等に無関心であったり、育児について拒否的な発言がある。
			子どもに対して、繰り返し馬鹿にしてからかう、ことあるごとに激しく叱ったり、ののしったりする。
	きょうだいとの差別		きょうだいに対しての差別的な言動や特定の子どもに対して拒否的な態度をとる。
			きょうだいで服装や持ち物などに差が見られる。
	心身の状態（健康状態）		精神科への受診歴、相談歴がある。（精神障害者保健福祉手帳の有無は問わない）
			アルコール依存（過去も含む）や薬物の使用歴がある。
			子育てに関する強い不安がある。
			保護者自身の必要な治療行為を拒否する。
	気になる行動		些細なことでも激しく怒るなど、感情や行動のコントロールができない。
			被害者意識が強く、事実と異なった思い込みがある。
			他児の保護者との対立が頻回にある。
	幼稚園、保育所等との関わり		長期にわたる欠席が続き、訪問しても子どもに会わせようとしない。
			欠席の理由や子どもに関する状況の説明に不自然なところがある。
			行事への不参加、連絡をとることが困難である。
家族・家庭の状況	家族間の暴力、不和		夫婦間の口論、言い争いがある。
			絶え間なくけんかがあったり、家族（同居者間の暴力）不和がある。
	住居の状態		家中ゴミだらけ、異臭、シラミがわく、放置された多数の動物が飼育されている。
			理由のわからない頻繁な転居がある。
	サポート等の状況		近隣との付き合いを拒否する。
			必要な支援機関や地域の社会資源からの関わりや支援を拒む。

【その他 気になること、心配なこと】

※参考事項	経済的な困窮		保護者の離職の長期化、頻繁な借金の取り立て等、経済的な困窮を抱えている。
	生育上の問題		未熟児、障害、慢性疾患、発育や発達の遅れ（やせ、低身長、歩行や言葉の遅れ等）が見られる。
	複雑な家族構成		親族以外の同居人の存在、不安定な婚姻状況（結婚、離婚を繰り返す等）
	きょうだいが著しく多い		養育の見通しもないままの無計画な出産による多子
	保護者の生育歴		被虐待歴、愛されなかった思い等、何らかの心的外傷を抱えている。
	養育技術の不足		知識不足、家事・育児能力の不足
	養育に協力する人の不在		親族や友人などの養育支援者が近くにいない。
	妊娠、出産		予期しない妊娠・出産、祝福されない妊娠・出産
	若年の妊娠、出産		10代の妊娠、親としての心構えが整う前の出産

※不適切な養育状況以外の理由によっても起こる可能性の高い事項のため、注意深く様子を見守り、把握された状況をご相談ください。

第 Ⅱ 部
保育園における子ども虐待対応の流れ

資料

関係機関への連絡票（虐待の疑い）記載例

子ども虐待の疑い連絡票

本園に在籍する虐待を受けている疑いのある子どもについて
下記の通り連絡します。

日　付：○○○○年○月○○日
園　名：○○○保育園
責任者：○○○○
担当者：○○○○

子どもの情報	ふりがな 子どもの名前	＊＊　＊＊＊ ○○　E　男	３歳児クラス	性別	（男）　女
	住所	○○市○○町○○丁目○○番○○号　○○○ハイツ○○号室			
	電話番号	○○－○○○○－○○○○			
	生年月日	○○○○年○月○○日	年齢	４　歳　２　ヵ月	
	障害の有無	有（内容　　　　　　　　　　　　　）　無			
	入園の経過	両親の就労を理由に１歳児クラスから入園。			
虐待と思われる状況	気づいた時期	○○○○年○月○○日（ころ）　　　　※特定できない場合はだいたいの時期を記入			
	誰に	父親　　　　　　　　　　　　　　　　　　　　　　　※複数回答可			
	虐待の種類	（身体的虐待）　性的虐待　ネグレクト　（心理的虐待）　※複数回答可			

〈連絡のきっかけとなった出来事〉

・○○○○年○月○○日、E男が左頬にくっきりとわかる手型をつけて登園。

・母親に事情を聞くと、前夜、姉（５歳）とふざけすぎ、何度注意されてもE男が聞き入れな
かったため、父親にたたかれたとのこと。

・受け入れ後、身体を見ると、右肩から肘にかけてアザ（打ち身）も見られた。

・本児に聞くと「パパにたたかれた」と話す。

〈入園後の本児の様子〉

・２歳児クラスまでは身体面も情緒面も特段の問題はなかった。こわがりなところがあり、新
しいことにはなかなか入れなかった。食べものの好き嫌いがはげしい。

・３歳児クラスから急に身体が大きくなった。威圧的なことば（「○○しろ！」「ぶったたくぞ！」）
や、ける・たたく・パンチなど、他児に対する乱暴な行動が目立ってきた。

〈保護者の様子〉

・父親は、送迎することはほとんどない。体格はよい。家庭での父親の様子が見えない。

・母親は、多くの子どもの世話、家事、仕事に疲れている様子。日頃から口調は乱暴で命令
的。とくに今年の夏の転居後、子どものことをどなっていることが増えた。

40

保育園での対応

・本児の身体や言動などをチェックし、記録をとるようにする。

・本児が他児と楽しくかかわれるようにあそびの提供や調整をはかる。トラブルの際には、落ち着く環境の中で本児の話をよく聞くようにしている。

・保護者、とくに母親は上の兄たち以上に本児の育児には手を焼いている様子があるので、家の様子を聞きながら、困っていることはないか、こまめに声かけをしている。

・変わった状況（緊急）があったときは、園長を通して児童相談所に連絡することを園内で確認した。

現時点での児童相談所への連絡	通告した（　　　年　　月　　日）　（通告していない）

家族の状況

氏名	続柄	年齢	勤労状況・その他
○○ ○○	父親	36	建築業
○○	母親	35	介護施設でパート
○○	長兄	10	小学生
○○	次兄	8	小学生
○○	姉	5	同園の5歳児クラス
E男	本人	4	

ジェノグラム

・E男一家は3歳児クラスの夏に、それまで同居していた父方の祖父母宅より転居。転居の理由は把握していない。

生活保護受給の有無	有　　　　　　　　　　（無）

関係機関との連携状況　　　　*すでに連携している場合は記入

所属	担当者	連絡先	連携内容

備考

第 ii 部
保育園における子ども虐待対応の流れ

⑤

関係機関との連携

❶「事が起こる前」からはじめる連携

　保育園で効果的な虐待対応を行うためには、関係機関と連携し、協力し合っていくことが大切です。とはいえ、どういうときにつながればよいのか、どうやってつながればよいのかがわからないといった声もあります。ここで一つの事例をみてみましょう。

事例　関係機関といつ、どのようにつながるか

「心配な親子がいるんです」──「事が起こる前」に関係機関に一報を入れておく

　飲食店アルバイトの母親、自営業の父親、Ｆ子の３人家族でＦ子は０歳から入園。両親の関係は次第に悪化していき、Ｆ子が４歳児クラスに進級した年に離婚、父親が家を出ていった。家庭環境が大きく変わったことから、保育園ではとくに注意して見守るとともに、園長は子ども家庭支援センターに連絡を入れ、心配な親子がいることを伝えておいた。

保育園が親子の安心の場となるように

　母子家庭となり、母親は「一人になってやり直したい」と担任にこぼすなど、自分ばかりに子どもを押しつけられているとの思いがあるようだった。また、クッキング用のエプロンが用意できなかったり「ランドセルをそろえるのも大変」と語ったりするなど、経済面での厳しさもうかがえた。母親はＦ子とかかわることよりも自分の趣味を優先。母親の気持ちが自分に向いていないことを察するのか、Ｆ子は母親に対して物を投げたり罵倒したりすることが増える。

　Ｆ子は園でも思うようにいかないと泣いたり暴れたりする姿が見られるようになった。担任は一対一のかかわりを持つようにするなどＦ子の気持ちをていねいに受け止め、園長は母親が困っていることや悩んでいることを安心して出せる関係を保つように心がけた。その中で、連絡帳や日々の会話から母親がＦ子に「言うことを聞かなければママも出て行くよ」と言ったり、出した物を片づけないと手をあげたりしていることが判明した。

「相談してみない？」──母親に他の関係機関の存在やサービスを知らせる

　子どもを傷つける言動はよくないことを伝えると、その場ではやらないと約束するものの、Ｆ子が反抗的な態度をとると大人げなく応じてしまう母親。Ｆ子が５歳児クラスに進級したころ、母親は「自分が子どもに何をするかわからないので少し距離を置いたほうがいいかもしれない」ともらすようになる。これを母親のＳＯＳと受け止めた園長は、他機関も支援に入ったほうがよいと考え、母親に園以外にも相談できる場所があること、ひとり親家庭として使えるサービスも

あるから相談してみないかと子ども家庭支援センターを紹介した。同時にセンターには、母子の状況の変化や園での対応の経過を報告し、いつでも動ける体制をとってもらうよう依頼。この時点では母親はすすめに応じなかったが、2ヵ月後、子育てのゆきづまりがさらにすすんでいることが感じられたため再度声をかけたところ、母親は今度は相談してみたいと意思表示した。

そこで子ども家庭支援センターに連絡すると、すぐに虐待対応ワーカー（心理士）と相談員が来園。母親の希望もあって園長・担任も同席。母親の話をじっくり聞いたあと、相談員からショートステイの利用を提案したところ、母親は一時的でも子どもと離れたほうがよいと思う一方で、「それを頼むと負け組にならないか」などと不安を語った。これに対して相談員は、多くの人が利用していること、子育てを一人でがんばっているのだから少し自分の時間を持つことでまた新鮮に子どもと向き合えるということなどを伝えた。

ショートステイについては利用料が負担だと感じているようでもあり、まだ利用には至っていないが、いつでも預けられる状態になったことで、母親の気持ちに少しゆとりができたようだ。ただ、連絡帳には、引き続き子育ての悩みは書いてきても、子どもをかわいいと思っての記述は見られない。卒園後の見守りや支援が必要だと考えている。

この事例でもわかるように、関係機関との連携のポイントは「早め早めの連絡」。明確な「虐待」の事実は確認できなくても、見守りや支援が必要だと感じた段階で情報提供をしておいたことで、その後の連携がスムーズになりました。母親は子どもと一時的でも離れないと自分が「何をするかわからない」と不安をもらす一方、なんとか自分の手で育てたいという思いも強く持っていました。そこで子ども家庭支援センターは、子どもを施設が運営しているショートステイに預けるのではなく、同じ地域に住む「協力家庭」に預けるという形のショートステイをすすめました。地域で親子を見守ってくれる人を確保することが大切だと考えたからです。ショートステイは就学後も利用可能です。要支援家庭が抱える問題は在園中に改善に向かうとは限らないので、卒園前から保育園以外の機関も家庭とかかわりを持ち、卒園後の各機関の役割分担などを協議し、支援体制を築いておくことが、必要な支援を途切れさせないためには重要です。

公営住宅の住民や外国籍の人など多様な人が暮らす地域に立地するこの園には、支援を要するひとり親家庭などが多く在籍しており、関係機関との情報交換や連携、関係者会議の開催などが日常的に行われているとのことです。保育園が関係機関の担当者と「顔の見える」関係となり、心配な親子がいたら早い段階で情報交換をしたり、いつでも相談できるようにしておくことは、いざというときの緊急対応だけでなく、早期からの見守りや支援を支え、事態が深刻になることの予防にも役立つでしょう。

やれないことまでやろうとしない
関係機関と役割分担して対応する

❷ 各関係機関の機能と支援内容

　子どもや保護者とかかわる機関にはさまざまな種類があります。どんな機能や役割があるのか知っておきましょう（自治体によって名称や役割が異なるものもあります）。

養育困難家庭支援・子ども虐待対応にかかわる機関例

・**虐待通告・相談窓口**：虐待通告先として市区町村に設置された部署・機関。設置状況・名称は自治体によってさまざま（東京都では「子ども家庭支援センター」）。虐待通告や相談の受理・調査、対象家庭への援助、関係者会議の招集など地域における虐待対応の中心機関。児童相談所とのパイプ役を担う。

・**児童相談所**：虐待通告の受理・調査から、必要な介入（家庭への立ち入り調査・一時保護・施設入所などの親子分離）までを扱う虐待対応の中心機関。住民からの通告も受けつける。

・**保健所**：虐待予防の中心機関。若年の妊婦、産後うつなどの母親への支援、未熟児などのハイリスクな新生児のケアと家庭への支援、乳幼児健診、虐待の早期発見など、子育て全般にわたる援助を行う。この他、精神障害者保健福祉手帳の申請を受けつけ、精神保健福祉法にもとづく支援も行う。保育園は、在園児の保護者が発達障害や精神疾患を抱えているのではないかと感じたら、保健所に連絡し、対応を求める。

・**福祉事務所**：生活保護などの経済的な支援を行う。母子福祉のための相談、手当の支給、母子生活支援施設入所の手続き、ＤＶ相談、シェルター、ヘルパーの派遣など、住民福祉の基礎的な機能を持つ。

・**警察**：夜間の見守り、迷子・徘徊する子どもの保護、ＤＶへの対応など。保育園は生活安全課と日頃から連携し、緊急時にはためらうことなく警察に通報する。

・**要保護児童対策地域協議会**：要保護児童・要支援児童・特定妊婦など保護や支援を必要とする子どもや保護者が見落とされることがないよう関係機関が連携して支援をすすめることを目的に、各市区町村に設置された協議会（2004年改正児童福祉法）。構成メンバーとして、上記にあげた諸機関の他、保育園や学校、医療機関、弁護士、関連ＮＰＯなど多数が想定されている。

・**子育て世代包括支援センター、子ども家庭総合支援拠点**：子ども虐待の予防・早期発見・早期対応を目的に2017年4月より各市区町村に設置がすすめられている機関（2016年改正児童福祉法）。管内すべての子どもとその家庭を対象に、実情を把握して必要な相談・支援を行うとともに、関係機関間の連絡調整を行い、連携して産前・産後からの切れ目のない支援をすすめる。

＊その他

・**ひとり親家庭の支援**：ひとり親手当・児童扶養手当の支給、家事支援、就労支援、学習支援（高等学校卒業程度認定試験合格を目指す学習支援など）、母子生活支援施設（母子寮）など

・**心身障害・精神障害があるとき**：障害者総合支援法、児童福祉法、発達障害者支援法などにもとづく制度・支援（保育園への送迎を含めた移動支援、家事支援、児童デイケアなど）

・**社会福祉協議会**：ファミリーサポート・人材シルバーセンター（家事支援など）、生活福祉貸付金・未成年後見人制度など

❸ エコマップで連携状況を確認する

　対象の家庭が現在どんな機関とかかわりがあるのか、今後つなげたほうがよい機関はどこかを目に見える形であらわしたものがエコマップです。ジェノグラムと合わせ、各ケースの現状を把握し、支援のあり方を考えていくうえで有効です。

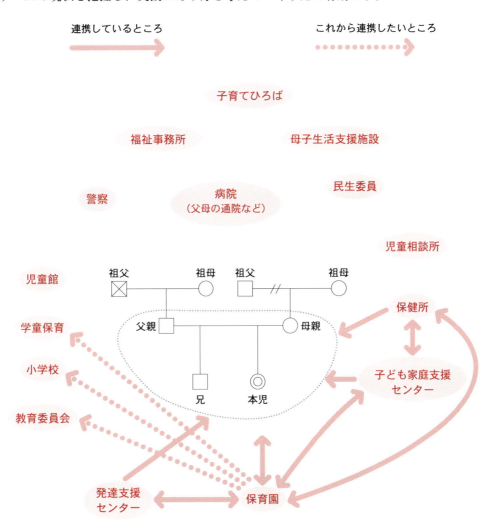

＊エコマップはA・ハートマンによって考案された手法で、ジェノグラムと同様、医学・福祉・教育など多くの対人関係の現場で活用されています。

連携することをあきらめない
保育園だけでは救えないから

虐待対応のポイント⑤
関係者会議に参加する

　被虐待児や保護者への対応にあたる関係機関が集まってケースについて総合的に協議する場が関係者会議です。

❶ 保育園からも開催を要請する

　関係者会議の開催が必要な状況にもかかわらず招集されない場合は、市区町村の担当課や要保護児童対策地域協議会、児童相談所などの担当機関（自治体やケースによって異なる。東京都であれば子ども家庭支援センターなど）に開催を要請しましょう。

関係者会議の開催が必要なタイミング
・問題が判明したらなるべく早期に1回目の会議を開く。
・その後、支援が適切かを確認するため定期的に開く。その他、必要に応じて随時開く。
・就学にあたっては、就学前とともに就学後の4～5月ごろにも開く。

　保育園からは園長・主任と、担任・看護師など直接子どもや保護者とかかわってきた職員が出席します。また、保育園にとって保育課担当者の参加は重要です。入園の経緯の報告だけでなく、保育園の抱え込みを防ぐための関係機関への要請が期待できます。そのためには日頃から保育課と保育園の連携を強化しておくことが大切です。

　関係機関としては、児童相談所・子ども家庭支援センター・保健師・福祉事務所・医師・小学校校長・学童保育指導員・児童館長・児童委員などが参加したりします。母子

生活支援施設や社会福祉協議会がかかわっているケースでは、保護者の情報をより多く持っている可能性があるので担当者の出席を要請しましょう。

❷「様子を見ましょう」で終わらせない

保育園から事例の概要を報告するときは、情報の羅列ではなく、何が支援課題かを考えながら端的に伝えるようにしましょう。

保育園から報告する内容
・保育園が把握している子どもの姿、保護者との関係や家庭状況。
・子どもへの保育の内容と経過。
・保護者への対応・支援の内容と経過。
・保育園から見た対象家庭に必要な支援や関係機関に対応してもらいたい内容。

関係者がただ一堂に会して情報交換し、「様子を見ましょう」という協議で終わってしまうと、保育園で抱え込むことになります。重要なことは、関係機関それぞれが適切な支援に動き出すことです。保育園でできないことは明確に伝え、だれが・いつ・どのように支援するのか、連絡・報告をどのように行うのか、具体的に確認しましょう。

関係者会議で協議すること
・支援方針を決める	各機関より情報を出し合い、支援の方向、取り組む期間を決める。
・役割分担をする	虐待の事実と支援方針をふまえ、それぞれの機関の役割を全体で確認する。
・責任者を決める	機関同士の情報共有・相談、会議の招集などについてコーディネートし全体の連携・支援をリードするケースマネージャー（主担当）を決める。
・支援状況の確認	前回の会議後の状況を出し合い、各機関で行うべき支援内容を明確にする。

＊保育園から複数で参加した場合は、報告者と記録者を分担しておくと、会議終了後、保育園からの報告がきちんと伝わったかや何が決まったかを確認するうえで役立ちます。

❸ 就学にあたって開く関係者会議

会議は就学前だけではなく、就学後1ヵ月後にも行うことが有効です。保育園からは、園が行ってきた支援内容と今後課題だと思われることを具体的に報告し、卒園後も支援が確実に引き継がれるよう、学校や学童保育をはじめ各機関の役割分担と支援内容が明確になるよう働きかけます（文書でも提出する）。

ケース離れと引き継ぎ

⑥

❶ 保育園の手を離れたあとのことを考える

　「ケース離れ」とは、転居や就学によって子どもが退園し、保育園の手から離れることです。被虐待児や養育困難家庭への支援は、保育園から小学校、中学校……と長期にわたって必要とされる事例がほとんどです。保育園では、「ケース離れ」を想定して、在園中から関係機関と連携し、支援体制を築いておく必要があります。しかし、現実にはさまざまな課題もあります。たとえば、次のような事例がありました。

事例　小学校へのぞむこと

　　G子の母親はアルコール依存症。酔って錯乱状態になりG子や妹弟に暴力をふるったため、子どもたちは児童相談所に一時保護されました。その後、保育園への優先入所を条件に子どもたちは家庭に戻され、保育園に入園してきました。しかし、母親の酒癖は治らず、子どもたちの食事をつくることができないほどでした。連絡なしの欠席が続くと園から電話を入れるのですが、連絡がつかず、家まで様子を見に行くこともたびたびありました。園では、子ども家庭支援センターや児童相談所と連絡をとりながら支援を続けていましたが、就学を間近にひかえても状況はほとんど変わりませんでした。

就学を前に関係者会議の開催を要請

　　保育園は就学後のことを考え、子ども家庭支援センターに小学校への引き継ぎのための関係者会議の開催を強く要請し、開催してもらいました。学校からは校長、副校長、スクールカウンセラーが出席し、保育園からは家庭状況と保育の経過をまとめた「保育経過記録」を持参して、今後も引き続ききめ細かな見守りをお願いしたいという思いを伝えました。しかし、学校側からは「入学後は学校に任せてほしい」「小学校として新たな視点でかかわっていく」と言われ、「保育経過記録」も受け取ってもらえませんでした。

情報が引き継がれない中で起きた放火事件

　　こうしてG子は小学校に入学したのですが、二学期のはじめ、G子の担任からあわてた声で保育園に電話が入りました。「G子の母親が酒を飲んで暴れ、自分の家に火をつけてしまった。母親について在園当時の様子を教えてほしい」という内容でした。その後、母親は刑に服し出所後はアルコール依存症治療で入院することになり、子どもたちは祖母に引き取られたため、G子は転校しました。このときのやりとりで、就学前の関係者会議に出席した校長は新学期には異動

し、新任の校長や担任には関係者会議の内容が何も伝えられていなかったことがわかりました。

子どもを守るために連携したい

　私たち保育園側からみれば、正直「小学校の敷居」はいまだ高いと感じることが多いのが現状です。就学にあたって保育園には小学校への「保育所児童保育要録」の送付が義務づけられていますが、要録は情報公開制度における開示請求対象の文書でもあり、保育園で細やかにかかわってきた虐待などの深刻な事例の経過を申し送りするにはふさわしくありません。毎日を不安の中で過ごしている弱い子どもの立場を守っていくことにつながる「生きた連携」を実現するため、保育園からの情報提供や支援要請を関係機関がきちんと引き継ぐための文書や、継続的な支援体制づくりのための会議の場を正式に位置づけてほしいと願っています。

(『現代と保育82号』ひとなる書房、2012年より抜粋・編集)

　事例にあるように、保育所児童保育要録は開示請求によって情報が外部へもれてしまう可能性があり、虐待事例の詳細や対応の経過をありのままに書くことはむずかしい面があります。必要な情報を十分引き継げる場が「公式」にはなく、園長が入学予定の小学校に出向き、校長に直接口頭で伝えることもあるようです。一方で、被虐待児や養育困難家庭など、継続的支援や見守りが必要な事例について、保育園と小学校との間でさまざまな「引き継ぎ」の形が試みられている地域もあり、「生きた連携」の貴重な経験が積み重ねられています。子どもにとって最善の引き継ぎの形が全国どの自治体においても実践されるよう、制度や条件の整備が求められます。

❷ 卒園までの一年間にやっておきたいこと

　上記のように、しっかりした連携体制づくりがまだ途上にある自治体が多くある中、保育園ではどうしたらよいでしょうか。とくに意識的に取り組みたい5歳児クラスの場合を考えてみましょう。

1）年度当初に

　卒園間近になって動こうとするとできることが限られてしまいます。年度当初は、異動で新たな職員が入ってくる時期であることもふまえて、たとえば、毎年4月に5歳児全員について、次の2つの視点から状況を確認するといいでしょう。

5歳児クラスのスタートにあたって確認しておきたいこと

・子どもの育ち	発達状況・生活状況の確認。あと一年の保育の中で留意すべきことは何か。発達相談など、関係機関と連携する必要はないか。
・保護者の状況	保護者の様子、背景などの確認。養育に困難はないか。保護者支援が保育園の抱え込みになっていないか。関係機関と連携する必要はないか。

2）卒園をひかえて

　いよいよ卒園が間近になったら、再度状況を確認して、連携の必要性がないかを探ります。引き継ぎの必要のある子ども・保護者については、園内で「まとめの協議」を行い、次の機関に渡せるよう必要事項を文書にまとめましょう。 ➡ p 33参照

引き継ぎ文書の項目例

・事例の概要（子ども・保護者の様子、虐待と思われる点）。
・園で行ってきた対応・支援の経過。
・保育園から見て今必要な子どもへの配慮や保護者への支援、就学を見通して課題だと思うこと。

3）卒園の前とあとに

　通常の保育所児童保育要録や学校との間の引き継ぎだけでは支援体制が不十分となるおそれがあります。関係者会議の開催を要請しましょう。新学期は学校でも異動がある可能性があるので、会議は卒園前と子どもの様子がわかってくる就学後の2回、行えるといいでしょう。関係者会議が開かれない場合でも、保幼小連携の場を活用したり、保育園から小学校に申し入れを行ったりして、情報の引き継ぎと支援要請を行いましょう。

とくに確実な引き継ぎ・確認が必要な事項

・子ども・保護者とどのようにかかわるとよいか。信頼関係をつくれるのはだれか。
・保護者への継続的な支援はどの機関が行うか。
・子どもが不登校になったときや長期休みのときはどうするか（学童保育への入所・連携が重要）。

＊学童保育や児童館は大切な子どもの見守り機関です。

❸ 継続的な支援体制の確立に向けて

　卒園は予定されていることですが、急な転居や退園はときを選びません。自治体をまたいでの迅速・確実な引き継ぎが必要になります。虐待が疑われるケースとして関係機関がかかわっていながら子どもの命を救うことができなかった結愛ちゃんの事件（2018年3月、5歳の女児結愛ちゃんが継父と実母から虐待を受けて死亡した事件）では、親子の転居の際にケースが適切に引き継がれず、見守りや支援が継続されなかったことが浮き彫りとなりました。機関同士で連絡をとり合っていたとしても、やったことの報告や情報交換に終始していては、実質的な連携とは言えないでしょう。子どものために何ができるのか、援助が必要な部分をどう補っていくのか、それはどの機関が行うのかまで具体的に確認し合い実際に動き出さなければ、子どもを守ることはできません。支援の継続性は、子ども虐待対応の生命線なのです。

　保護者と子どもを一体的に受け止め支援してきた保育園のがんばりは、次の機関に引き継がれてこそ生かされます。ていねいな保育によって子どもの中にようやく芽生えた人への信頼を、どうしたら次の地域でも積み上げていけるか。できれば保育者から保育者へ、直接引き継ぎたいものです。関係機関が動かなければ、児童相談所や子ども家庭支援センターにリーダーシップをとるよう要請する、文書だけでは不安なら転居先の関係機関まで出向いて引き継ぐなど、自ら動き確実で継続的な支援体制づくりを呼びかけることも、ケース離れにあたっての保育園の大切な役割です。

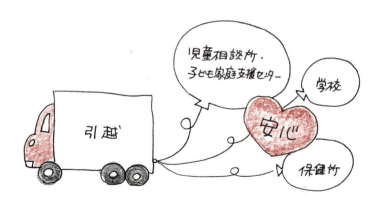

保育園の最後の仕事は
支援の継続性を見届けること

第 III 部

事 例 に 学 ぶ
対 応 の 実 際 と
ポ イ ン ト

事例 1　入園時における気づきと初期対応

4人の子どもを抱える
要支援家庭におけるネグレクト

事例概要

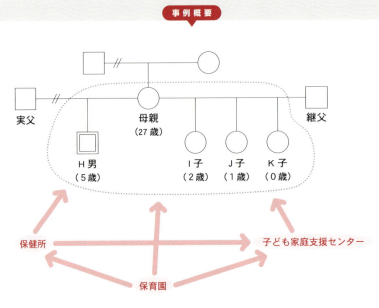

＊ジェノグラム・事実関係は事例検討時点（ただし個人情報保護の観点から一部変更しています）

基本的事項

- 対象児（事例検討時の年齢）　　H男（5歳児クラス）
- 保育園での在籍期間　　　　　　3歳児クラス〜卒園
- 虐待と思われる状況　　　　　　母親によるネグレクト

- H男は3歳児クラスからの転入児。H男とは父親の違う妹が3人。
- 母親はH男の父親と離婚後、内縁関係にあった現在の父親と、第4子K子を出産後しばらくして入籍。父親は不定期にしかお金を家に入れず、家にいないことも多く、家事・育児もしない。
- 母親は「就労予定」とのことでH男の入園が内定していたが、入園面接日に来園しなかった。園から電話をすると、転園申し込み後にI子が生まれ予定していた仕事につけなくなったため、入園を辞退すると話す。内定通知に保健師の名前が書いてあったため、支援が必要な家庭だと感じ、とりあえず面接に来るようすすめたところ、改めて来園し入園することになる。
- 面接の際、H男は落ち着きがなく、身体計測を非常に嫌がる。言うことを聞かないH男に対して母親は乱暴な口調で接し、ときにはつきとばすこともあった。
- 面接後、内定通知に記載されていた保健師に連絡。保健師は、前園では登園日数が少なく、大人が見ていないときに負ったと見られるヤケドがあるなど、この家庭の養育に不安を感じ入園をすすめていた。保育園から改めて入園をすすめてもらいよかったと話す。

❶ 虐待・養育困難と思われる状況

・母親による暴言やつきとばしなどが見られる。

・ヤケドのあとがあるなど、日常的に安全が保障されていない。

・父親は家を不在にする際は車に乗って出てしまうので、母親は自転車や友人の車で送迎しなければならない。相次いで妊娠・出産する中、母親にとって複数の子どもを同時に登園させることは困難だが、自分で子どもたちを家で見ることも負担に感じていたので、H男だけ家に残し残りのきょうだいを連れてくることも多い。H男は週のうち数日しか登園しなかったり、2週間ほど続けて休んだりと登園が途切れがちになる。

❷ 保護者の様子

・母親は不安定になると「夜、子どもが息をしているのか不安になって眠れない」と訴える。関係機関からの情報で、幻覚が見えるなどの症状もあり、過去の薬物使用が疑われることがわかった。医師への受診は頑なに拒み、治療には至っていない。

・母親の希望でH男が5歳児クラスのときに父親と入籍すると、母親がひとり親として受けていた手当が切れてしまい、経済状況が悪化。生活の不安定さから母親の気持ちはさらに不安定になってくる。父親とケンカして、父親が荷物を持って家を出て行った際にはパニック状態で園に飛び込んでくることもあった。

❸ 子どもの様子と保育

〈登園が続かない〉

・入園当初は家に帰りたくて自分のリュックを背負って玄関から出て行こうとすることが続いたが、少しずつ園生活に慣れて、クラスで過ごせるようになっていった。

・語彙数が少なく発音がはっきりしない。

➡H男には安定した生活や楽しい遊び、友だちとのかかわりなどを保障することが大切だと考えたが、登園日数が少なく経験が積み上がっていかない。継続的な登園に向けて母親への働きかけや支援方法を模索した。

〈H男の発達をめぐって〉

・母親はH男も含め子どもたちのことはかわいいと感じており、一生懸命世話をしよう

としているが、衝動性や多動性も見られるH男については「手に負えない」「手元に置いておくのが負担」と担任に話すなど、育てにくさを感じている。

➡ 母親の気持ちを受け止めながら、保育園でのH男の肯定的な姿を伝え、登園を促す。H男は発達障害を抱えている可能性も考えられたが、母親は日々生活をまわすのに必死の様子で、保育園からH男について落ち着いて話をしたり受診をすすめたりできる状況にはなかった。専門機関の検査や支援は母親が希望しないと受けられないものが多く、園としては苦肉の策で他の子どもの巡回発達相談に来園した心理職にH男の様子を見てもらい、かかわり方のアドバイスを求めたこともあった。

・母親はH男の就学時健診で、他の子どもより時間がかかり、さらに学校長との面談で「相談しながらやっていきましょう」と言われたことを担任に涙ながらに訴えるなど、卒園を前にH男の発達が心配になってきている。

❹ 関係機関との連携

〈妊娠・出産時からかかわってきた保健所〉

・母親はI子・J子の出産時、産後うつが疑われたため、保健師が継続的に母親とかかわってきていた。担当保健師はH男だけでなくI子、J子の養育や母親自身の精神状態も心配しており、I子、J子についても保育園入園がのぞましいと子ども家庭支援センターに連絡した（その後、生まれたK子も同様）。

〈子ども家庭支援センター〉

・子ども家庭支援センターは保健所から連絡を受けて入園について意見書を書き、母親にI子とJ子の入園をすすめたり、保育園で入園申込の書類作成を手伝ったりした。

・車がなく登園できないときは保育園から子ども家庭支援センターに送迎支援を要請するが、実際には車が戻り、支援を利用することはなかった。

〈関係者会議の開催〉

・就学に向けて、子ども家庭支援センターにより関係者会議が招集された。

> 参加：子ども家庭支援センター・小学校・学童保育・民生児童委員・保育園
> 協議内容：
> ・小学校はH男の発達支援の方針を決め、学校の持ち物などについてていねいに対応する。
> ・意見書をつけ、就労していなくても学童保育に入所できる措置をとる。H男は大人が見ていない間に外にとび出していくことがあるなどの注意点を保育園から小学校・学童保育に引き継ぐ。
> ・保育園は下の3人の子どもが引き続き在籍していることからH男について母親に様子を聞きながら支援をあと押ししていく。

❺ 事例をふり返って　（事例報告者：園長）

　内定通知に書かれていた保健師とのかかわりだけから家庭状況を推察することはむずかしかったものの、通知した面接日に来なかったこと、そのときの母親とのやりとりからなんらかの支援は必要だと感じました。その後は必要に応じて関係機関と連携をとりながらすすめてきました。しかし、在園中ずっと妊娠・出産をくり返していた母親の余裕のなさや精神的な影響を考えてしまい、Ｈ男の発達についての園側の不安をストレートには伝えられませんでした。就学するにあたり、学校から「これから一緒に考えていきましょう」と言われ心強かったものの、在園時、もっと早い段階から何かできることはなかったのかと思ってしまいました。私自身、Ｈ男の卒園と同時に他園へ異動となり、気がかりなことがうまく引き継げない状態で後ろ髪をひかれる思いでした。

事例１への コメント 　（「保育と虐待対応事例研究会」で検討・確認したこと）

❶ 入園面接の大切さ

・入園面接に来園しなかったことから、保育園は入園前からこの家庭にかかわっていた保健師に連絡をしています。このとき感じた違和感が「気づき」であり、その後の関係機関の対応にもつながっています。園による改めての来園の働きかけがなければ、母親は気が変わったまま入園を取り下げていた可能性もありました。入園面接の大切さを考えさせられます。

➡ p 26参照

❷ 機関同士の連携による母親への治療と養育支援

・相談できる人がいないことや、育児に困っていることが、母親の不安定さにつながっていると考えられます。不安を保育園にも話してくる姿は明確なＳＯＳととらえ、具体的な支援につなげることが重要です。

・母親はうつなど精神疾患が疑われ、さらに幻覚が見えるなど薬物依存の可能性もゼロではありません。母親は医療機関への受診を拒んでいますが、このまま治療しないでいると家庭状況を悪化させることになります。保健師や子ども家庭支援センターなどが医療機関とも連携をとり、治療と養育支援の両面から継続的にかかわっていくことが求められるでしょう。

❸ 登園を励まし見守りを続ける

・母親は就学児健診を機にＨ男の発達面について不安を感じはじめています。Ｈ男の在園中はＨ男の発達相談までこぎつけることができませんでしたが、下の３人の妹は在籍しており、保育園とこの家庭との関係は続きます。新たな子育ての悩みが生まれることも考えられます。引き続き関係機関との連携による見守りと支援が求められる事例です。

虐待対応のポイント⑥
保育園でできる保護者支援

　虐待をしている保護者を責めたり、お説教したりしても、関係が悪化するだけで支援がすすまないことがほとんどです。保護者自身も虐待の被害者であったり、困難に直面している社会的弱者であったりするからです。あまりに過酷な育ちや環境に保育者としてできることは何もないと感じてしまうこともしばしばです。でも、聞くことだけはできます。保護者が置かれた状況や生育歴をていねいに聞きとること、保護者のつらさに共感することが基本です。

　保護者対応には、保育園全体の情報共有とチームワークが重要です。日常的に園の職員みんなが子どもや保護者に声をかけるようにし、ここぞというときは園長・主任や看護師が対応にあたるなど、担任だけに負担が集中しないようにします。また、保護者が障害や疾患を抱えていたり、生活全般や経済面の困難を抱えていたりする場合などは、専門的な支援が必要です。保育園から関係機関につなぎます。

まずは信頼関係づくり
① 「困った保護者」ではなく「SOSを出している保護者」として見る
　まずは事実と背景をつかみ、関係づくりの糸口をさぐる。「〜したら」と教えるよりも、「お母さん、どうしたの？」などと聞いたほうが、コミュニケーションはスムーズ。
② いっぺんにいろいろ伝えず、できたことはほめる
　保護者が疾患を抱えていたり、知的理解力が低い場合は、一度に伝えることは一つにしぼる。保護者が今できることは何かを考えて、「返事をする」「手をつないで歩く」など小さなことから提案し、保育園が一緒に乗り越える姿勢で見守り、できたことをほめる。
③ かといって、ほめすぎない
　「いい保護者」を演じさせることにつながり、状況の悪化・問題の潜在化を招く。

子どもの様子を伝えるにもひと工夫

① 子どものいいところ・かわいさを具体的に伝える

子どもの笑顔を見たことがない保護者もいる。子どもが保育園で見せる笑顔や言動を送迎の際や連絡帳などで伝えたり、保育参加など直接見ることができる機会をつくったりする。

② 保育士の手柄にせず保護者の自信につなげる

子どもの成長を伝えることは大切だが、「保育の成果」として伝えるのではなく、保護者のがんばりのおかげだと伝え、保護者が子育てに自信を持てるようにする。たとえば、成長の節目については保護者が「最初の目撃者」になった喜びを感じられるよう配慮することが大切。「最近お手伝いしてくれるんですよ。ママのマネをしてるのかな」「もうすぐ歩きそうなので歩いたら教えてくださいね」など。

③ ちょっと先の見通しを伝える

子どもの成長にともなう子育ての負担感の増大が虐待の引き金とならないよう、「そろそろハイハイしそうだから、口に入りそうなものは片づけておいたほうがいいですね」などと、少し先に予想される姿とそれに合わせた具体的な注意点、大人は大変さを感じるかもしれないけれど、それはより成長していくための発達のステップであることをわかりやすく伝える。

保護者の人間関係を広げる

①「うちだけ大変」から抜け出す援助を

「うちの子、案外いいかも」と気づけるよう、保護者会で子どものいいところや子育ての悩みを話題にしたり、同じように苦労している他の保護者にさりげなくつなげたりする。

② 健診の機会を活用する

各児の健診状況（3・4ヵ月、1歳半、3歳など）を把握し、受診を働きかける。その際、保育園が気になっていることを一方的に伝えるのではなく、保護者が困っていることを聞き出すようにし、「健診では専門の先生がいるから相談するといいよ」などと促す。同時に保健所に連絡して保護者の状況をあらかじめ伝え、健診では地区担当保健師が直接対応にあたり、その後も継続的にかかわってほしいなどと依頼する。

第 Ⅲ 部
事例に学ぶ 対応の実際とポイント

事例 2　　精神疾患を抱えた保護者への対応

強度の育児ストレスに悩む母親による不安定な養育

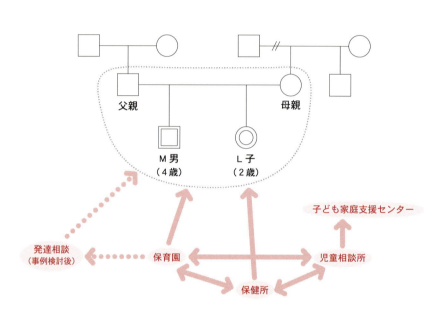

＊ジェノグラム・事実関係は事例検討時点（ただし個人情報保護の観点から一部変更しています）

基本的事項

・対象児（事例検討時の年齢）	L子（2歳児クラス）・M男（4歳児クラス）
・保育園での在籍期間	L子は1歳児クラス〜、M男は3歳児クラス〜
・虐待と思われる状況	母親による心理的虐待・ネグレクト

・母親の精神疾患（入園時、不安障害との診断書あり）により、L子は1歳児クラス、M男は3歳児クラスのとき入園。母親は入園から約1年後、週3〜4日のパートをはじめる。
・父親は会社員。不規則な勤務だが子どもたちの送迎にくることもある。
・入園面接には母親が来園。子どもたちは動き回っていて落ち着きがなく、母親はどなったり、手を強くひっぱることがあった。保育者が声をかけて注意すると、母親は苦笑いしながら話を聞いていた。
・母親は手先が器用で、友人から頼まれて小物づくりなどをしている。しかし没頭すると家事・育児に気が回らなくなる。

❶ 虐待・養育困難と思われる内容

・母親はストレスがたまると飲酒することが習慣になっている。飲む量が多いと朝起きられず子どもの世話ができなくなる。

・夜、外に飲みに行ったまま帰ってこなかったこともあった（このときは父親が仕事を休んで子どもの面倒をみていた）。

・母親は、活発で成長するにつれ言うことを聞かなくなってきたL子に対してイライラをつのらせており、「話を聞かないと施設に入れるよ！」とおどすようなことを日常的に言っている。

・L子の3歳児健診時には、L子に殺意が芽生えたため、M男にL子の世話をさせてその場を離れたことがあるなどと保健師に話した。

❷ 保護者の様子と保育園の対応

・母親は父親に「子どもを殺したくなる」と話した際、「じゃあ殺せよ」と言われ口論になるなど、育児の不安を受け止めてもらえないと話す。

・母親は仕事のある日は比較的早く登園するが、休みの日や多量に飲酒した日は登園が10時ごろと遅くなったり休んだりする。とくにM男の登園が途切れがち。朝、欠席の連絡があっても、昼頃「やっぱり子どもがいると疲れがとれないので、今から行ってもいいですか～」と言って連れてくることもある。

・父親が送迎することもあるが、保育園ではあまり会話をしないので、保育者は父親と十分コミュニケーションがとれずにいる。

・母親は提出物の期限は守るなど、真面目な一面がある。遠足のときには手の込んだ弁当をつくってきた。

・送迎時は疲れている様子を見せるが、保育者には明るく会話をしてくる。ただ、子どもにかかわる大切な話を伝えようとすると「めんどくさい」と避け、なかなか踏み込んだ話にならない。

➡母親には積極的に声をかけ、困っていることなどを話せる関係を保つようにした。子どものためにも、母親のリフレッシュのためにも継続的な登園が大切だと考え、母親には、「何時になってもいいから連れてきて」と伝え、土曜日も保育できる体制をとる。

❸ 子どもの様子と保育

＊事例報告者（園長）が本園に在籍していた2年間について

〈L子の様子〉（1～2歳児クラス）

・入園時より落ち着きなく動き回り、わざと保育者から逃げたり、外靴のまま園内を歩くなどの行動をくり返す。

・甘えが強く、保育者（担任以外にも）に抱っこやおんぶを求める。

・指しゃぶりが長く続き、遊び込む姿があまり見られない。友だちよりも大人を求める。

➡保育者を困らせる行動は「試し行動」ととらえ、気持ちを受け止めるようにしつつ、まわりの子どもたちの様子にも目を向けさせ、友だちと遊ぶ楽しさを味わえるようにしたり、社会的なルールを知らせ、守ることで快適に暮らせる体験を積み重ねるようにしたりした。また、特定の大人との信頼関係を築くために、2歳児クラスに進級する際は担任が持ち上がるようにした。生活面での力や理解力は高く、保育者がしっかり受け止めることで次第に落ち着いていくが、母親の情緒の不安定さに左右されがちで、週末をはさむと感情の起伏がはげしくなるなど一進一退が続く。

・母親は家ではほとんどオムツを交換せずに過ごしているようで、園でもあまり替えてほしくないと要求してくる。

➡排泄の自立に取り組もうと母親にくり返し提案。3歳児クラス進級前になって母親はパンツを用意。家ではオムツのままだったが、園のリードでパンツに移行することができ、母親も安心した様子。

〈M男の様子〉（3～4歳児クラス）

・常におどおどしており、さまざまなことに自信がない様子が見られる。

・集団の中にいても他の子とおもしろさや楽しさを共有して遊ぶことができない。友だちにちょっかいを出して気を引こうとするものの、相手が嫌がっていることに気づかない。自分の思いが通らないと物を投げたり暴言をはいたりする。

・話す言葉が不明瞭。相手の話も理解できず不安になり、泣いたり部屋から出て行ったりすることがある。

➡経験不足からくる自信のなさもあると考えられたので、母親には継続的な登園を促す。集団活動の際にはそばについてM男にわかるように説明をくり返すなどサポートし、少しでもできたことをほめて自信になるようにする。

❹ 関係機関との連携

〈健診の場ではき出された本音〉

・母親はL子の3歳児健診の際、問診票に「子育てに疲れる、イライラする」と書く。保健師には「殺意が芽生えた」と話した。保健師はこの情報を保育園と児童相談所に伝える。保育園は、母親が心を開くことができたこの保健師とその後も連携をとり、情報共有するようにした。

〈保健師からの一報で関係機関が動きはじめる〉

・同じように保健師から連絡を受けた児童相談所は、「殺意が芽生えた」との発言を重く受け止め、緊急性が高いと判断。保育園と子ども家庭支援センターに問い合わせが入った。その後、近隣住民から児童相談所へ泣き声通報があったときも、児童相談所から保育園に問い合わせがあった。保育園からはそのつど記録をもとに、保護者と子どもたちの様子を伝える。

〈M男の発達面の気がかり〉

・保育園は、自信が積み上がっていかず、生き生きと活動することができないM男には、発語の遅さや認識面での弱さも見られたことから、家庭環境や欠席が多いことからくる経験不足だけでなく、発達上の問題が要因となっている可能性もあると考えた。発語の遅さについては母親も気になっていたようだったので、発達相談を受けてみたらどうかとすすめた。母親は一度はその気になったものの、父親の合意が得られず、4歳児クラスの間には受診には至らなかった。

❺ 事例をふり返って （事例報告者：園長）

　この事例の親子にはじめて出会った入園面接の際、子どもたちへの母親の対応がとても気になりました。事前に送られてきた母親の診断書、子どもたちの落ち着きのなさ、そして母親の対応、気になることが満載でした。どうやって親子を支援していけばよいか職員間で話し合い、できるだけ記録をとること、担任は気になることはささいなことでも園長に報告して園全体で情報共有に努めることを確認しました。

　そして、送迎の際は母親に積極的に声をかけ、なにげない会話から母親の気持ちをくみ取るようにしました。また母親が少しでも子どもたちと気持ちよくかかわれるよう

に、いつでも（朝、遅くなっても）子どもたちを連れてきていいよという体制をとってきました。

母親はL子が大きくなるにつれ思い通りにならないことが多くなり、子育てのイライラがより強くなりました。このことをL子の3歳児健診で保健師に率直に伝えています。私も母親の子育てのつらさに寄り添い、否定せず気持ちを引き出すようにしていましたが、母親は切羽つまった気持ちまでは話しませんでした。母親なりに園では多少いい顔をしたかったのかもしれません。健診で気持ちをはき出してくれたことで、母親が抱えているストレスの深刻さが発覚しましたが、私たちは送迎をマメにこなす父親の存在もあって、少し安心していた部分がありました。父親からもっと話を引き出すことができれば、より早く気づけたかもしれないという思いがあり、これは反省点です。

こうした事例は多かれ少なかれ、どの保育園でもあるのではと思っています。精神疾患の状態にもよりますが、気持ちに波がある保護者はいます。子どもの姿については、気になる行動が持って生まれたものから来ているのか、環境によるものなのか、いろいろ見方があると思います。園長はいろいろな角度からその家庭を見ながら対応していく必要があると実感しています。

事例2へのコメント （「保育と虐待対応事例研究会」で検討・確認したこと）

❶ 保護者を多面的にとらえる

・母親は活発なL子に殺意が芽生えるほど育児ストレスが強まっていて、「施設に入れる」といった言葉をかけたり、飲酒によって2人の子どもの育児ができなくなったりする状況は心理的虐待やネグレクトにあたります。一方で子どものために手の込んだ弁当をつくるなど「いい母親でありたい、子どもに何かしてあげたい」という努力も見られます。保護者を一つの方向だけから固定的にとらえないことが重要です。

❷ 健診の大切さ

・精神疾患を抱え、頼る存在がない中では、思うようにいかない育児のストレスは相当なものでしょう。実際に父親に相談しても理解されず口論になり、結果、子どもたちに矛先が向いてしまっているとも考えられます。一方で、母親は保健師に子育てで精神的に追い詰められている気持ちを話しています。健診は日常は出しにくい保護者の本音が引き出される重要なチャンスとも言えます。

・母親の困り感をキャッチした機関（本事例では保健所）が関係機関（保育園・児童相談所）に発信し、各機関が持っていた情報とつき合わせることで問題の深刻さが発覚しました。次の課題は、5歳児クラスへの進級をひかえたM男の卒園後を見通して各機関がどう連携し合い、継続的な支援体制を確立するかです。早期の関係者会議の招集が求められます。

❸ 登園することが果たす役割

・日常的に母親を支える資源が少ない中で、保育園は母親の話をじっくり聞き、Ｌ子やＭ男の保育を通して母親を支えています。保育園に子どもを預けている間、母親が自分の時間を持つことで精神的なゆとりが生まれるのであれば、登園していること自体が虐待予防になっています。

❹ キーパーソンはだれか

・父親も母親の話につきあいきれなくなって口論になっていますが、母親に代わって送迎や子どもの面倒をみる姿がありました。今後、保育園が子どものことや母親のことを父親と話し合える関係になれば、父親がこの家庭のキーパーソンになることが期待できます。➡p 15参照

❺ きょうだいが見せる姿の違いとその背景

・妹のＬ子には被虐待児の行動特徴である「底なしの甘え」と、これでもかという「試し行動」が見られます。保育園はＬ子の気持ちを受け止めながら生活に必要な約束事を伝えていくなど、人とかかわることへの喜びが感じられるようにていねいに保育しています。

・兄のＭ男はＬ子にくらべておとなしく、母親から見て手がかからず、Ｌ子のようには暴言などを受けていないようです。しかし、きょうだいへの虐待を目撃することも心理的虐待にあたります。また、園で見せる「思いが通らないと物を投げる」「暴言をはく」などの姿の背景に、家庭ではＬ子の育児にストレスをつのらせている母親に気をつかい、自分の気持ちを出せなくなっていることも考えられます。

❻ Ｍ男の発達の状況と援助方針を保護者と共有する

・さらにＭ男には発語の遅さや不明瞭さが見られます。環境に加え、発達的な要因も背景にあるとすれば、専門機関によるアドバイスや支援が有効となる可能性もあります。保護者が発達相談を受けることに同意すれば、その結果をふまえ、保育園では「〜歳だから」ということではなくＭ男の今の発達に合った援助をしていくこと、保護者の心配ごとや困っていることも聞きながら、どんなことに留意してかかわっていけばよいかを保護者と話し合っていくこと、就学に向けての相談にのることなどが卒園をひかえての課題になるでしょう。

*追記

　本事例を研究会で検討したあと、事例報告者の園長は、Ｍ男が５歳児クラスに進級した際に他園に異動となった。保留となっていたＭ男の発達相談は、母親の立ち会いのもと、５歳児クラスの５月に実現。はじめてのことは苦手だったり、自信がなく気持ちが出せていないなどの面はあるが、発達は正常の範囲とのことだった。その後、父母が別居、Ｌ子とＭ男は父親が引き取り、父親の実家で生活するようになった。祖父母の協力もあり生活リズムが整う中で、子どもたちには落ち着きが見られるようになり、Ｍ男の暴言なども減っていった。保育園は父親と良好な関係を築くことができるようになった。ケース途中での園長の異動に際しては、それまでの経過や残された課題について園長同士でよく引き継ぐことが大切であることを感じた。

虐待対応のポイント⑦
虐待されている子どもへの保育

　虐待されて育ってきた子どもはさまざまな問題行動を示すことが少なくありません。子どもは一番愛してもらいたい保護者から虐待を受けているのです。あたたかく受け止めてもらった経験がなく、暴力をふるわれたり、無視されたりし続けることで、「自分が悪いから」と思い込んでしまい、自分に自信が持てず、他者にも信頼が持てません。その結果、自分を十分に発揮できないだけでなく、人からどのように見られ扱われるかを確かめるように、さまざまな「試し行動」をくり返したり、保護者からされたことと同じようなことをまわりの子どもにしたりします。

　まずは子どもが「明日も保育園に行きたい」と思えるように、保育園がだれかに傷つけられることなく食べたり寝たりでき、自分の思いや感情を安心して出せ、他の子どもたちと楽しい時間を共有できる場となることが大前提です。そして、保育者との信頼関係を土台にさまざまな経験を積み重ねることで自信を回復し、自分を発揮して生き生き生活できることを目指します。

　本人やまわりの子どもを傷つけてしまうおそれのある行動は、身体で子どもを包み込むようにして止め、落ち着くのを待ちます。そして、心と身体が爆発するのをなんとかがまんしようとしている子どもの葛藤に共感しながら、どんな気持ちだったのか、これからはどうしたらいいか、その子どもの状態や発達に合わせて一緒に考えます。こうした保育者との一対一の時間や友だちとぶつかったり遊んだりすることの積み重ねの中で、次第に社会性が育っていきます。

　こうした保育はすべての子どもにも求められることではありますが、とりわけ被虐待児を保育するには、表面上の姿だけで判断せず背景や内面を探るための粘り強さや専門性が要求されます。同時に保育園は集団の場ですから、他の子どもたちも含めた保育が求められます。すべてを一人でやりきることは不可能です。おもに個別対応する保育者とクラスの保育をすすめる保育者などと分担できるよう複数体制をとることをはじめ園内で担任をサポートする体制をつくり、園全体で対応していきましょう。

　右にこれまで「保育と虐待対応事例研究会」の中で語られてきた被虐待児への保育の一端をご紹介しますが、他にもさまざまな方法がありうるでしょう。職員会議やケース会議などで具体的な場面を語り合いながら、その子どもに合った手だてを探っていけるといいですね。

安心できる生活と楽しい遊びの保障

- 虐待されない安全な基本的生活、安心して遊べる環境、多様な経験の積み重ねを保障できるよう登園の継続を支援する（必要に応じて関係機関の応援を要請する）。
- 「あなたのことが好きだよ」というメッセージを伝えスキンシップをとる。年齢にかかわらず抱っこするなど、甘えや依存をしっかり受け止める（周囲にも関心が向くように働きかけ、頃合いを見て離れることも大切）。
- 保育者同士で連携をとり、一対一でていねいにかかわれるようにするとともに、クラス全体の遊びや活動を魅力あるものとすることで、やがて子どもが自分で大人から離れ、子ども同士でかかわるようになることを目標にする（至難の業ですが）。

自尊感情・自信につながること

- 子どもをよく観察し「今のそれがよかった」「〜ができたね」という場面は逃さず具体的な言葉で伝えたり、"いいね"のサインや笑顔を送ったりして、自尊感情や自信を育てる。
- 子どもの得意なことや好きなこと、できることを増やし、クラスで認められるような場面を保育の中で意識してつくる。
- 一方で、失敗しても大丈夫、どんな自分でも受け止めてもらえるという安心感がなければ、子どもは思いきって挑戦できない。途中であきらめたり失敗したりしても「がんばっていたところをちゃんと見ていたよ」というメッセージを伝え、あたたかく支える。

対人関係にかかわること

- 問題行動を起こしそうなときは保育者が近くにいて身体で止める。
- 自分の思い通りにならずに怒ったりすねたり大騒ぎしたりするときは、クラスから離れた場所で落ち着くのを待ってから、どうしたかったのかなどの思いを十分に聞き、受け止める。
- 問題行動や友だちとのトラブルによりまわりから注意される状況を減らし、自分はダメな子なんだという本人の意識や、乱暴な子・こわい子といった周囲の意識を変えていく。
- 他の子どもたちの行動、トラブルも含めた多様なかかわりを通して、よい行動やいけない行動、相手の気持ちやかかわり方、がまんすることなど、社会性を身につけていけるよう支える。

事例 3　長期にわたる見守りと卒園後の支援体制づくり

世代間連鎖するアタッチメント障害と虐待

事例概要

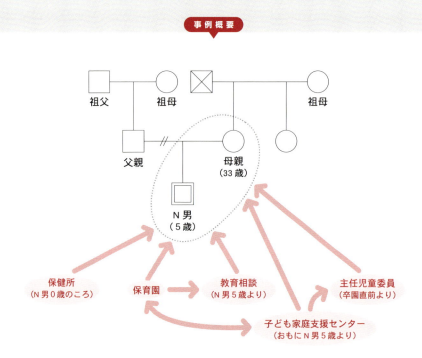

*ジェノグラム・事実関係は事例検討時点（ただし個人情報保護の観点から一部変更しています）

基本的事項

・対象児（事例検討時の年齢）	N男（5歳児クラス）
・保育園での在籍期間	0歳児クラス～卒園
・虐待と思われる状況	母親による心理的虐待・ネグレクト・身体的虐待

- 母親は33歳、パート。母親は結婚後、父親の実家で同居していたが居づらくなって母親の実家に戻り、N男を出産。父親とはN男が生まれる前に離婚しており、N男は父親に会ったことがない。N男は0歳から入園。
- 父方祖母から保健師に「母親は家事育児ができないのでは」との連絡が入っている。
- 子育ては母親の実家ではじめた。母方祖母は自分の生活を崩さず、母親は遠慮するとともに祖母への不満をもらしていた。祖母から家を出て独立するよう再三言われ、N男が3歳児クラスのころ、実家を出て母子での生活をはじめた。
- 生活費はパートの収入とひとり親手当の他、母方祖母からの援助を受けているが、生活は苦しいと話す。

❶ 虐待・養育困難と思われる内容

・入園面接の際にはN男が泣いたり、転倒したりしてもかかわろうとしない。離乳食がすすんでいなかったためアドバイスをすると「めんどくさい」と聞き入れない態度をとる。生活リズムが整っていない。N男が発熱しても預けたがり、受診をしぶる。

➡以上の様子から、N男が0歳児クラスのとき、虐待の疑いがあるとして園から子ども家庭支援センターに通告。

・1歳児クラスのとき、N男をたたくところを見た保育者が声をかけると「先生とは考え方が違う」、さらには「たたくのが気持ちよくなってきた」と話す。

・N男は2歳すぎまでは保育園から帰るとベビーベッドに入れられて過ごしていた。

・4歳児クラスになると、言うことを聞かないため手だけでなく缶でたたくこともあると母親から話してくることがあった。

・5歳児クラスになり、母親は叱ることに疲れたので、無視することにしたとのこと。

・3歳児クラスまで同居していた母方祖母も、N男の態度に怒ってN男をベランダに出したり、人目のあるショッピングセンターで頬をたたいたりすることがあった。

❷ 子どもの様子と保育

〈0・1・2歳児クラスのころの様子〉

・入園当初は表情がかたく、食事はつめ込むようにして食べていた。

・1歳児クラスのころ、要求が通らないと奇声をあげたりわざといけないことをすることが目立った。昼寝時に身体にふれると「イタイイタイ」と嫌がるが、さすることを続けるうちに嫌がらなくなり、自分から担任に抱きついてくるようになった。

・1歳6ヵ月のころ、物や人の名前がわからず、指差しが少なかった。発語は1歳9ヵ月くらいで、その後順調に二語文、三語文を話すようになっていった。

・2歳児クラスの終わりごろより、他児と簡単なごっこ遊びを楽しむ姿も出てきた。

➡特定の保育者と愛着関係が築けるよう担当を決め、甘えたい気持ちを見逃さずに受け入れるなどして安心して過ごせるようにする。意識的にアイコンタクトや指さしに共感するようにする。

〈3・4・5歳児クラスのころの様子〉

・いけないとわかっていてやるなど、気持ちと身体のコントロールがうまくいかない。

・鬼ごっこやトランプなど、ルールもよく理解し楽しそうに遊ぶようになった。ブロッ

クや庭での虫探しなど、集中して遊ぶ姿も見られるようになる。

➡乳児クラスのころからN男や母親と信頼関係を築いてきている担任を卒園まで持ち上がりとした。なわとびなど「できるようになりたい」と思うことは最後まで努力するN男のがんばりを認めるようにした。いけないことは伝えるとともに友だち関係を築き、その中で自分の行動を調整できることを大切にしてきた。大人の目を気にしている姿があるので、「いい子だから好き」ではなく「あなた自身が好き」というメッセージを送るようにした。

❸ 保護者の様子と保育園の対応

〈母親と祖母の関係・母親の葛藤〉

・母親は自分の話を聞いてほしがる。自分が何か失敗すると祖母（自分の母親）に「叱られる」と言ってこわがったり、「絶対に祖母（自分の母親）に言わないでほしい」と園長に頼んだりする。また、祖母とつかみあいの大ゲンカをするなど祖母との間に葛藤があることが感じられた。2歳児クラスのころ、N男が祖母の書道の道具をくり返しさわり、そのたび祖母が怒っていた。「手の届かないところに置いてほしい」と頼んだが、頑として受け入れてくれなかったと母親が話した。子どもの発達や気持ちに添って接することができない面は母親にも見られ、祖母による子育ての影響が感じられた。母親は再婚を希望しているがN男の存在がネックになっていると感じており、父親に返すか施設に入れるなどして手放したいということも話す。

〈N男とのかかわり〉

・乳児クラスのころ、大人の制止を無視する行動は母親の前だとよりはげしくなる。

・母親は1・2歳児クラスのころ、「この子はおかしい」「ともかくこの子がストレス」「先生の言うことは聞くけど私の言うことは聞かない」などと訴える。N男が手伝いをしたときなどにほめるとよいと担任が伝えると、「それは子どもに気をつかうということですか。そんなことはできない」と話す。

・幼児クラスになると、毎日のように母親に見えるように「先生大好き」と言って担任に抱きついたり、家では母親に「あっちいけ」「いつ死ぬの？」などと話したりする。

・N男は降園後もスーパーの売り場の菓子を食べたり、母親のかばんを遠くへ投げたりと母親を困らせる行動を続ける。

➡N男が見せるさまざまな姿は母親に愛されたい気持ちのあらわれのように感じられた。降園時はN男の園での楽しいエピソードや母親のがんばりをほめるようにした。また、走り回るN男を玄関まで連れていくなどしてスムーズに帰れるようサポートした。子育てのアドバイスに対しては「できない」「めんどくさい」などと言っていたが、母親が困っている具体的な場面や園

便りの内容など理解がむずかしい部分についてくり返し伝えるようにしていくと、次第に担任を信頼するようになり自分から困っていることを話すようになっていった。たとえば、Ｎ男がお風呂に入ろうとしないと訴える母親に状況を聞き、「子どもには熱すぎるのかも。もう少しぬるくしてみたら」と伝えると、後日「やってみました」と報告にきたこともあった。続かないことも多かったが、Ｎ男をなんとか「いい子にしたい」という気持ちや努力も感じられた。

❹ 関係機関との連携

〈保健所〉
・父方祖母からの連絡を受けていた保健師は、０歳児のころは母親の相談にのっていたが、担当者が変わってからは疎遠になった。

〈子ども家庭支援センター〉
・１・２歳児クラスのころ、担当者がくり返し来園し母親に子どもの接し方などのアドバイスをしていたが、その後訪問が途絶えた。５歳児クラスになって新しい担当者が来園。母親と顔合わせをし、その後保育園とも日常的に連絡をとり合う関係ができた。センターは母親の相談にのり、母親のレスパイトのためショートステイなどを提案したが、母親はＮ男の矯正が目的ではないと知り、利用に至らなかった。

〈教育相談につなげてみる〉
・５歳児クラスのころ、母親の表情のけわしさが目立ってきたので、園長・担任が改めて時間をとって話をすると、「わざと嫌なことをする」などと訴える。教育相談を紹介し、園長と一緒に予約の電話を入れる。その後しばらく週１回のペースで通う。母親は「言われたようにやってみたが変わらない」と不満そうであった。

〈関係者会議の開催〉
・卒園をひかえ、保育園からも子ども家庭支援センターに要望し、卒園後の支援体制について協議するための関係者会議が招集された。開催場所は学校。

> 参加：子ども家庭支援センター・学校・学童保育・教育相談・保育園
> 協議内容：
> ・学童保育を利用予定。保育園から学童保育と学校にこれまでの保育と保護者対応について伝えた。
> ・教育相談は、就学後も引き続き利用を促し、母親とのかかわりを継続する。
> ・子ども家庭支援センターは、母親への支援だけでなく、知的にも力があるＮ男を支えるため、就学後は定期的に「子ども面談」（学校に職員が赴き子どもと会う）を行う。

〈地域での支援体制〉
・関係者会議を受けて、子ども家庭支援センターの依頼で主任児童委員が来園。保育園が間に入って、就学後、地域で見守ってくれる担当者だと言って母親と子どもに引き合わせる。就学直後の学童保育の送迎などを支援することになった。

❺ 事例をふり返って（事例報告者：園長）

　保育園では母親に寄り添うことを心がけてきました。母親は次第に自分の思いやうまくいかないこと、自分の子どものころのことも話すようになり、母親も虐待を受けて育ったことがわかりました。あるとき母親が、子どもが保育者に甘えるのを見て「いいなあ」とつぶやくのを聞いた担任が、「それじゃあお母さんのことも抱っこしようか」と言って抱きしめるということがありました。まじめで、一生懸命生きようとしている母子の姿に職員も共感していました。N男に対しては、保育園がN男にとって安心できる場となるよう担任が信頼関係を築くとともに、全職員でも情報共有していきました。

　関係機関の担当者がたびたび変わったことと、保育園と母親との関係が比較的良好で幼児クラスになって母親が落ち着いてきたように見えたこともあって、関係機関への連絡を怠った時期がありました。しかし、実際は母親の育児の負担感は続いていて、N男もつらい状況にありました。長くかかわってきた家庭だからこそ見過ごしのないように関係機関と継続的に連携をとり、適切な支援について相談すべきだったと考えています。

　5歳児クラスになってから、母親からの「N男が言うことを聞かない」などの訴えが頻回になったことから教育相談につなげ、子ども家庭支援センターの新しい担当者とも顔合わせをすることができました。関係者会議も開かれ、各機関の役割分担が確認できました。子ども家庭支援センターの担当者のリードで、地域での支援体制づくりもすすみました。卒園後を見通してケースを引き継ぐことの大切さも深く学んだ事例でした。

事例3へのコメント （「保育と虐待対応事例研究会」で検討・確認したこと）

❶ N男の成長

- N男は入園時、表情がかたく、スキンシップなど肌接触を「イタイ」と言って拒んでいました。母親は自分の言うことを聞かず落ち着きがないN男について「この子はおかしい」と訴えるなど、発達に何か問題があるのではないかととらえていたようです。しかしN男は次第に集中して遊べるようになり、一定のルールを守れるまでに成長しています。これは保育園での生活が、もともと認識面の力はあるものの家庭環境により十分育っていなかった部分の育ちを支えたからだと考えられます。

❷ 母親の育ちと支援の注意点

- 母親の言動からは子どもへの愛着が希薄なことや祖母との葛藤が垣間見え、厳しい生い立ちだったことが推測されます。幼少期にアタッチメントが形成されないまま親になった場合、わが子を愛情を持って育てることは非常にむずかしくなります。自分がどのように育てられたかが育児の一番身近なモデルとなるからです。祖母から続くアタッチメント障害の世代間連鎖です。➡ p74参照
- 「先生の言うことは聞くけど私の言うことは聞かない」といった発言にみられるように、保育者が子どものかわいい姿を伝えたりほめたりすることを、保護者が素直に受け止められないことがあります。ちゃんと子育てができていない自分を責めている保護者や、子どもではなく自分のことを見てほしいと思っている保護者など、さまざまな保護者がいます。個々の保護者の背景や気持ちをふまえ、たとえば、子どもの育ちは「保育の成果」とせず、できるだけ母親のがんばりの成果として伝えることもポイントになるでしょう。➡ p59参照
- 本事例の母親は再婚には至っていないようですが、今後、母親が頼れる相手を求めて新たな男性と交際をはじめた際はさらに注意が必要になります。母親や男性がN男のことをわずらわしく感じて虐待につながってしまう危険性もあります。

❸ 長期にわたる見守りに必要な園内・園外の連携

- 保育園は、0歳で入園したN男と保護者とは6年にわたる長いかかわりとなりました。信頼関係を維持しつつ、家庭状況に変化はないか、支援体制は現状のままでよいか、切れ目のない観察と判断が求められます。「平時」から保育園だけで抱え込まず、関係機関と連携して、より多くの目と手で見守ることが適切な支援につながります。
- 担任だけに負担が集中してバーンアウトしないよう園内でも連携することが大切です。本事例では、話を聞いてほしい母親に対して、園長も時間をとって対応するなど複数体制で母親を受け止めることで信頼関係を築いています。母親がN男のことをかわいいと思えないのは、母親自身の育てられ方が影響しているからかもしれないといったとらえ方や、母親に対してもN男に対しても、表面的な行動にとらわれずにていねいにかかわっていこうという支援方針が園全体で共有されていることも重要です。
- 就学までの一年は「ケース離れ」を見越したうえでの対応が必要になります。本事例では、関係者会議が開かれ、主任児童委員による地域での見守りも含め、各機関の役割分担や母子との顔合わせを卒園前に行うことができていることが重要です。➡ p48参照

虐待対応のポイント⑧

アタッチメント形成対象としての保育者の役割

アタッチメントとは、まわりの環境とかかわりはじめた子どもが不安や不快な気持ちになったとき、特定のだれかのもとに戻って抱っこしてもらったりすることで心の安定を回復しようとする欲求や行動を指す言葉です。特定の養育者（多くは母親）との間にアタッチメントが形成されないと、さまざまな障害があらわれます。

アタッチメント障害のある子どもの特徴

・笑わないなど表情が乏しい。視線が合わない。

・周囲の目を気にしておどおどしている。大人が穏やかに接しても、異常にこわがる。

・大人に抱かれても身体を反らせて嫌がる。泣かない。他人に興味を示さない。

・逆に、知らない他人に躊躇なく近づき抱きつく。

・わざと怒らせるようなふるまいをする。

子どもが自らの存在を無視される、要求や欲求にこたえてもらえない、養育者の態度がころころ変わるなどの不適切な養育や、おもに養育する人がたびたび代わることは、子どものアタッチメント形成を妨げることがあります。

アタッチメント障害の子どもの保育では、担当の保育者がその子どものアタッチメント形成対象として養育者の代わりにアタッチメントの結び直しをしていくことが大切です。「大切なあなた」というメッセージを送り続けながら、ていねいにかかわっていくのです。しかし、こうした子どもには、「底なしの愛情要求」や「試し行動」がしばしば見られます。担当の保育者がバーンアウトしてしまわないよう園全体のサポートがとても大切です。

また、保護者が持つアタッチメントスタイルが子どものアタッチメントパターンに反映することが多いと言われています。保育園で「アタッチメント障害かな？」と感じる子どもがいたら、同時に、保護者の養育姿勢や子育てで困っていることなどにも目を向けてみましょう。保護者自身の生い立ちや祖父母との関係性もヒントになります。大切にされた、かわいがられたという経験が乏しく、わが子とどう向き合いかかわっていけばいいのかの手がかりとなるモデルを持たない保護者にとって、一人で子育てすることは困難です。保護者自身がアタッチメント障害であれば、それは子育てに反映して子どもに連鎖していく可能性が高まります。保育園や保育者の役割は、この連鎖を断ち切っていくうえで子どもにとっても保護者にとっても重要です。

ただ、保護者の生育歴だけでなく、他にもさまざまな問題を抱えている家庭も少なく

ありません。家庭支援、保護者支援において保育園でできることは限られています。必要に応じて専門機関につなげていく判断をしていくことも大切です。　➡p 44参照

> **事例　アタッチメント障害の世代間連鎖**
>
> 　ある年の4歳児クラス。異様なまでに保育者にまとわりつき、顔や身体にさわる子どもが複数いたので、担任は一人ひとりの思いに寄り添いながら、ていねいにかかわることを大切にしました。複数いるので、その場で直接対応できない子には、声をかける、笑顔を向けるなどしてメッセージを送り、子どもの人数が少なくなる夕方などに、短い時間でもその子どもとだけ遊ぶ時間を設けるなど工夫しました。
>
> 　あるとき、この保育者が体調を崩し、一週間ほど休むことになりました。その後、子どもたちは昼間でも「もう帰っちゃうの？」と頻繁に聞いてきたり、部屋から保育者が出て行くことをとても気にしたりするようになりました。「まだ帰らないよ」「〇〇に行ってくるね」と言葉をかけ続けることで、離れられるようになりました。
>
> 　また、久しぶりに保育者に会うと「先生いた～」と泣き出す保護者がいて、子どもだけではなく保護者も保育者の存在に大きく頼っている様子がうかがえ、アタッチメント障害の世代間連鎖という現象が起きていることを感じました。そんな保護者とのかかわりにおいても、受容と共感がポイントとなりました。とくに、保育者自身のものさし（価値観）で評価せず、それぞれが異なったものさしを持っていることを深く理解して対応するようにしていきました。アタッチメントの結び直しに年齢や対象者に限りはないことを実感しました。

事例 4　機関同士の連携による保護者支援・生活支援

発達障害を抱えた シングルマザーによるネグレクト

事例概要

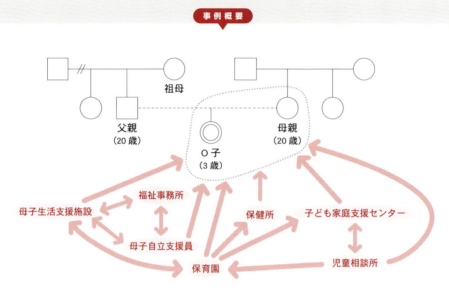

*ジェノグラム・事実関係は事例検討時点（ただし個人情報保護の観点から一部変更しています）

基本的事項

・対象児（事例検討時の年齢）	O子（2歳児クラス）
・保育園での在籍期間	2歳児クラスの約1年間
・虐待と思われる状況	母親によるネグレクト・身体的虐待

・地方で暮らしていた母親は地元の高校に入学したものの「勉強がおもしろくない」と数ヵ月で自主退学する。同時期にインターネットで知り合った父親の実家に身を寄せるため上京。未婚のままO子を出産。若年出産（17歳）のため支援が必要であるとして保健所・子ども家庭支援センター・福祉事務所がかかわり、O子は生後8ヵ月で保育園に入園する。

・父親は子どもに関心がなく家にあまり帰ってこず、母子を母親の実家に帰そうとする。父方祖母は福祉事務所に「母親がだらしなく家では片づけなど何もせず携帯ばかりいじっている」「子どもを育てられるのか心配」「家から出てもらいたい」などと相談する。

・母親は父親や父方実家に未練はなく、O子が1歳3ヵ月のとき父方実家を出て母子生活支援施設に入所。施設は入所時、母親が成人（20歳）するまでの2年間施設で受け入れ、その後は母子での地域生活へ移行させるという方針を決めていた。

・母親は日中は施設内の保育を利用しながら、パートで働いていた。母親の希望により高校に通学しはじめた。保育園入園を希望したが施設近隣の園には入れず、自転車で30分かかる本園（2歳児クラス）に入園する。

❶ 虐待・養育困難と思われる内容

〈母子生活支援施設からの情報〉

- どなられて泣くことが多い。
- 夜、なかなか寝つかないО子をベランダにしめ出し、О子は大泣きをする。
- О子がハサミで自分の髪を切っていたのを放置していた。
- 居室にはゴミや食べ物が散乱していて、かなりにおいがあり、小バエが飛んでいる。
- いつも携帯を操作していてО子に意識が向かない。

〈保育園で把握した事実〉

- 大泣きして登園するが、母親は声をかけたりなだめたりなどの対応を一切しない。
- 朝食は食べてこないことが多い。夕食は一品のみ（から揚げ一つなど）で量的にも少ないことが連絡帳から判明。
- 普段は人前でО子に手をあげることはないが、О子を自転車に乗せて帰宅する途中、О子をたたく様子を園外にいた園長がたまたま見かける。

❷ 子どもの様子と保育

- 入園直後は人が大勢いる環境にとまどい走り回る姿もあったが、次第に慣れていった。
- О子にとっては食事は一品というのが普通だったため、主食とおかずがある給食を前に、入園当初は他の子にとられないようにと急いで食べる姿があった。あわてて食べなくても大丈夫だということがわかると、次第に落ち着いて食べるようになる。
- 遊びや生活面では年齢相応の発達をしており、友だちとままごとなどをしている。乳児のころに入園していた保育園や母子生活支援施設で受けた保育の経験が感じられた。
- 抱っこしてほしい、遊んでほしいといった保育者との一対一のかかわりを強く求める姿が見られた。

➡ 保育者がしばらく抱っこすると遊びたくなって自ら降り、少し遊ぶとまた抱っこを求めるというくり返しが続く。О子が満足するまで抱っこしつつ、О子が好きなままごと遊びに保育者も入って他の子とつなげ、楽しい時間をつくるようにした。

❸ 保護者の様子と保育園の対応

・母親は保育園ではいつも笑顔でおり、困っていることも表に出さない。保育者が何か話しかけてもすべて「大丈夫です」とこたえるため会話が続かない。まわりから何か指摘されること、自分が否定されることをおそれているのではないかと感じられた。
・若年で生活経験が乏しいということだけでなく、母親自身もなんらかの障害を抱えているのではないかと思われた。

➡保育園での日常のかかわりの中では、母親を否定せずあたたかく受け止めることで母親が安心して登園を継続できるよう配慮しつつ、関係者会議で対応を協議する。

❹ 関係機関との連携

〈母子生活支援施設との連携〉

・母子生活支援施設から、O子が夜なかなか寝つかないためにベランダに出されることがあるが、保育園で午睡時間を調整できないだろうかと相談された。

➡夜の睡眠がスムーズにできるよう午睡は1時間半で起こすようにした。その他にも施設と保育園とで情報交換しつつ、それぞれで何ができるか探る。

〈関係者会議の開催〉

・関係者会議は、入園直後から数ヵ月おきに下記メンバーで3回開かれた。

> 参加：子ども家庭支援センター・福祉事務所・保健師・母子生活支援施設・保育園
> 協議内容：
> ・母子生活支援施設退所の時期がせまっているが、育児、家事、金銭管理などができない母親が施設を出て地域で子どもと暮らしていくには、関係機関がかなり支援する必要がある。
> ・養育困難は経験不足からくるものなのか、なんらかの障害を持っているためかをみきわめるため、保健師が同行して医療機関を受診し、診断結果をふまえて支援方針を検討する。
> > ➡母親は広汎性発達障害と診断され、「子どもの養育はできなくはないが危ない」との所見が出された。母子の地域生活は危険だということを児童相談所に報告する。

〈児童相談所の対応〉

・報告を受けた児童相談所は、子どもの様子を確認するため来園。
・3歳児クラス進級前に改めて関係者会議が開かれ（保育園は参加を要請されず）、児童相談所が決定した親子分離の方針が伝えられた。O子は保育園を退園し、施設で保護されることになった旨、後日児童相談所から保育園に連絡が入った。

事例 ❹

機関同士の連携による 保護者支援・生活支援

事例 4 へのコメント （「保育と虐待対応事例研究会」で検討・確認したこと）

❶「大丈夫です」の背景にあるもの

・発達障害を持つ人は、子育てにおいては、子どもの気持ちを理解できず適切な言葉かけができない、あやす方法がわからない、食事の必要性がわからず用意できない、家の片づけや洗濯、金銭や時間の管理ができないといった困難を抱え、支援が必要となることがあります。

・本事例の母親が保育園で見せる「いつも笑顔」「すべて『大丈夫です』とこたえる」といった姿も、障害ゆえに周囲から叱責されたりいじめられたりし、自尊感情が育たないまま成長した経験が背景にあるのかもしれません。

・人目のないところでO子をたたく姿も発見されています。母親とは良好な関係を築く努力をしつつ、同時に「本当は大丈夫ではない状況」を見過ごさない観察眼が求められます。

❷ 地域で生活していけるか

・若年出産だった母親は、早期から保健所、福祉事務所、子ども家庭支援センター、母子生活支援施設がかかわり、関係者会議も開かれています。その過程で、母親は発達障害と診断され、地域での生活は危険をともなうと判断されました。実際、母親自身の生活がままならないような状況があり、養育が困難なだけではなく、母親自身へのケアも必要だと言えます。

・地域での生活を成り立たせるためには、母親の障害を理解し生活を全面的に支援する人（キーパーソン）が必要です。身内である必要はありませんが、本事例の場合、現状では父親も、父方祖母も、母方祖父母もキーパーソンとなりうる状況ではありません。

・保育園は、現状通り母子生活支援施設での生活を基盤に、日中は保育園に通って子どもの成長を保障することが望ましいと考えていたようですが、2年で退所させるという母子生活支援施設の方針は変更されず、児童相談所は親子分離して子どもを施設で保護する判断をしました。

・退園間際に開かれた関係者会議に保育園は参加を要請されず、園が持っていた情報が十分引き継がれることなく退園・施設入所となったことが残念です。次の施設職員にとっても、1年間とはいえ保育園がどんな保育を行ってきたかは、数年おきに保育の場が変わり続けてきたO子が新たな場所で安心して暮らしていくための大切な情報だったはずです。

❸ 関係機関と連携してすすめる養育困難家庭の見守り

・本事例では児童相談所は親子分離を判断し、保育園は1年でケース離れを迎えましたが、仮に親子分離とならず、地域で母子が暮らしていくことになった場合のことを考えてみます。

・保育園を中心とした支援体制が考えられると思いますが、保育園は母親への全面的な指導や支援はできません。母親の発達支援や就労支援などの専門的なケアは発達障害者支援センターなどの役割になります（発達障害者支援法第14条）。

・子どもの見守りにおいては、出席状況、日常的な変化、身体状態など記録をしっかりとって客観的な事実を積み上げていくことが大切です。とくに体重の増減は適切な養育ができているかどうかの目安となります（成長途上の子どもにとって体重減は危機的状況です）。

・さらに子ども家庭支援センターや保健師とこまめに連絡をとり、生活支援や指導を依頼するとともに、定期的に関係者会議を開いて、保育園から見て必要な支援は何かを伝え、どの機関が何をするのかを確認しながら、見守りを継続していくことが大切です。

第 **Ⅲ** 部
事例に学ぶ 対応の実際とポイント

虐待対応のポイント⑨
発達障害と虐待──子どもの場合・保護者の場合

❶ 子どもの発達障害と虐待

　乳幼児期はまだ診断がついていないことが多いですが、保育をすすめる中で下記のような姿があらわれると、この子は発達障害かもしれないと感じることがあります。

保育園でよく見られる発達障害の子どもの行動特徴
・落ち着きがない。よく動く。じっとしていることがむずかしい。
・集団行動が苦手。
・大人からの指示的な言葉・抽象的な言葉が伝わりにくい。
・すぐカッとなり、友だちとトラブルを起こしやすい。
・強いこだわりがあり、生活に支障をきたすことがある。
・集中ができない。

　子どもは障害ゆえにこうした姿を見せているので、力ずくで行動を改めさせようとするのは逆効果です。それぞれの子どもに合った適切な対応を探りながら根気よくかかわり、子どもの充実した毎日や発達を支えていくことが求められます。
　同時に保護者を支えていくことも大切です。子どもの発達障害の特性が保護者の育児ストレスを強め虐待につながることがあるからです。
　逆に、もともと子どもに障害はなくても、保護者の虐待行為が子どもの心身の育ちに影響をおよぼし、発達障害と同様の行動特徴があらわれてくることもあります。発達障害児と被虐待児の行動特徴の多くは重なり、みきわめがむずかしいところがあります。保育をすすめる中で、子どもの姿に虐待との関連が感じられるときは、関係機関と連携して対応していくことが求められます。

❷ 発達障害を持つ保護者への理解と対応

　子どもの発達障害は、保育園生活の中でその特徴的な行動がよく見えるので、早期発見や対応につながりやすい面があります。しかし、保護者の発達障害に気づくことは困難です。次ページの事例のように「困った保護者」だととらえていた保護者が、じつは発達障害を抱えていて、支援が必要な保護者だったことがあとになってわかることもあります。

> **事例** 「困った姿」の背景にあったもの

・保育園に着てくる子どもの服の種類が多い ➡ 家の中はインターネットで購入した箱が山積みになっていて、母親はカード破産をくり返すほどの買い物依存症であることがわかった。
・いつもお迎えの時間に遅れる母親 ➡ 決められた仕事がこなせず、残業せざるをえない状態だということがわかった。
・子どもの送迎にかかわらない父親 ➡ 保育園への道順を覚えられず、子どもを送ろうとしたが道に迷い続け、職場に遅刻したことがあったことが、個人面談での母親の話からわかった。

　表面上の姿への非難や指摘にとどまっていては、問題の解決にはつながりません。保護者について「何かおかしいな？」と感じたら、送迎時の様子や日中の子どもの言動に目を配り、事実をもとに、気になっていることや対応で困っていることを園長や主任に報告するようにしましょう。

　報告を受けた園長は、保護者とゆっくり話をする時間をとり、保育者が訴えてきた内容を自分の目と耳で確認します。配偶者や祖父母との関係、支えてくれるキーパーソンがいるかどうかなど、保護者をとりまく人間関係についての情報もできるかぎり集めます。そのうえで「保育園ができる保護者支援」は何かを考え、支援方針を園内で共有します。その際、園長は自分で「親育て」をしようなどと考えないことが大切です。大人の発達障害について診断や支援を行うには専門的な知見が必要です。保健所や子ども家庭支援センターなどの関係機関につなぎ、園でつかんだ情報や養育上どのような困難が見られるかを具体的に伝え、園ではどう対応したらよいかアドバイスを求めましょう。

　移動支援（保育園への送迎など）や家事支援など、大人の発達障害者を支えるためのさまざまな支援があります。関係者会議の開催を要請し、どんな支援が利用できるかを探り、各機関の専門性を生かした支援体制を確立することが、虐待予防の観点からも重要です。

事例 5　虐待ととらえることで深まる子ども・保護者理解

「言うことを聞かない子」への暴力をともなう「しつけ」

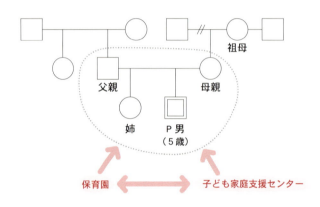

＊ジェノグラム・事実関係は事例検討時点（ただし個人情報保護の観点から一部変更しています）

基本的事項

・対象児（事例検討時の年齢）	P男（5歳児クラス）
・保育園での在籍期間	1歳児クラス～卒園
・虐待と思われる状況	母親による身体的虐待

・P男は1歳児クラスから入園。P男の姉も、当園卒園児。
・父親は自営業。母親は自営の仕事を手伝いつつ、保育園の送迎をはじめ家事・育児をほとんど一人で行う。
・母親はきょうだいはなく、母子家庭で育つ。姉御肌で父母会でも仕切り役、なんにでも口出しする。派閥をつくり、気に入らない保護者を孤立させてしまう。
・母方祖母は近所に在住しており、ときどき送迎のため来園する。

❶ 通告のきっかけとなった出来事

＊P男は1歳児クラスから本園に在籍していたが、事例報告者（園長）はP男が5歳児クラスに進級した年に着任。その年の夏に起きた下記出来事がきっかけとなり、入園以来の状況をさかのぼって確認、虐待事例としての対応がはじまる。

〈登園時の母親の暴力行為〉

- P男が5歳児クラスの七夕のころ。保育室のテラス前には笹が置いてあった。P男が母親と登園。母親が笹に短冊を飾りつけようとしたところ、P男が母親から短冊を取り上げ丸めて放り投げた。母親は言うことを聞かないP男に次第に声を荒げ、頬をたたき、腕をつかんで出入口サッシに投げ飛ばした。
- P男の両隣のクラスの保育者がこの現場を見ていて、あわてて園長に報告に来た。園長は母親のどなり声が事務室まで聞こえてきたが、ちょうど電話対応をしていた。同じ事務室にいた保育者は「またいつものがはじまった」という反応。園長が対応する前に母親は仕事に出かけてしまい、P男は事務室に連れてこられる。耳から頬にかけて赤い傷あとが残る。園長はP男から話を聞くが「だいじょうぶ」「いたくない」と強がりを言う。

〈これまでの経過を確認する〉

- 園長は、保育園という公衆の面前で子どもに暴力をふるう母親の姿を深刻にとらえ、

それまでＰ男を担任してきた保育者らに話を聞く。3歳児クラスのときにも、頬に手型をつけて登園してきたことがあったが、気性の荒い母親にはとても話を聞くことができなかったとのこと。

・さらに前任の園長に連絡をとると、「あのお母さんは、感情的にカッとなるタイプだから」「前にもたたかれてきたことがあったけど、様子を見てきた」とのこと。家庭では以前からたたく行為が日常的にあったことが疑われた。

〈子ども家庭支援センターに連絡〉

・園長は登園時の母親の暴力行為とこれまでの養育状況などの情報をまとめ、虐待事例として子ども家庭支援センターに通告。双方で情報交換し対応を検討することを確認。母親は激情しやすい性格のため、まずは園長がこの日のお迎え時に母親と面談し、どのようなことが原因でＰ男に手をあげてしまったのかの聞きとりをして面談の内容を子ども家庭支援センターに報告することになった。

・子ども家庭支援センターは同日姉の学校で聞きとりを行う（姉への身体的虐待などはとくに見られないようだとの情報が保育園に報告された）。

〈当日の母親との面談内容〉

● 母親の話

・朝の忙しい時間帯、Ｐ男が短冊に何を書くかがなかなか決まらず、やっと短冊を仕上げて保育園に持ってきた。笹に飾ろうとしたら、Ｐ男が放り投げたのでブチギレてしまった。夕方家に戻ったら、ボコボコにしてやろうと思っていた。

・姉と同じように育てているのに、Ｐ男は言うことを聞かない。悪いことをしても認めず嘘をつく。言ってもわからないからたたくしかない。

・Ｐ男は偏食がある。自分は料理好きで、一生懸命手づくりを心がけているが、どうしても食べない食品がある。父親は「Ｐ男の偏食はわがまま。もっと厳しくしつけをしないからだ」と自分のせいにする（父親は幼少期はネグレクトのような状態で育ち、食事も一人で買ってきて食べていたことから、食べ物を残すことに対する考え方が厳しい）。

● 園長が母親に伝えたこと

・登園前の忙しい中、Ｐ男のダダコネに対応してきたことをねぎらう。

・お母さんが手をあげてしまうほどのＰ男の子育ての大変さに理解を示す。

・保育園の園長としては、子どもに手をあげるような行為を発見したときには関係機関に通告

する義務がある。今回のことについては、子ども家庭支援センターに連絡した。

・連絡したからといってお母さんのことを「悪い母親」と見ているわけではない。今回、お母さんがP男の子育てで困っていることがたくさんあるとわかったので、今後はなんでも相談してほしい。

・母親は、言うことを聞かないP男へのかかわり方、母親として精一杯がんばっているのに子育てがうまくいかないこと、父親や母方祖母からもP男の育て方が悪いなどとすべて母親の責任にされていることなど、今までの自分の子育てや生活の大変さをはき出しはじめた。そしてクラスの保護者の中ではリーダー格としていつも気丈なふるまいをしていた母親は、張りつめていた糸が切れたように号泣した。

・園長からは、「お母さん、つらかったね。がんばっていたんだね」の言葉をかけ、P男のことをこれから一緒に考え合うことを伝えた。

〈子ども家庭支援センターへの報告〉

・園長は母親と面談した内容を、通告先の子ども家庭支援センターに報告した。担当者からは、母親が園長との面談を拒否せず応じたことや、これまでの思いをはき出せたことで気持ちが楽になったことが予想できること、園長が今回の暴力行為を子ども家庭支援センターに連絡したことを面談で伝えていることなどから、「当面の見守りは保育園にお願いする」との指示を受ける。

・保育園で新たな虐待につながる状況を把握した際には、すぐに子ども家庭支援センターに連絡することとし、そのときには子ども家庭支援センターが家庭訪問に入ることになる。

❷ それまでの子どもと保護者の様子

＊P男への保育について改めて検討するため、それまでの児童票や日誌の記録を確認。

〈1・2歳児クラスのころの様子〉

・食が細い（野菜が苦手、食べる食品が少ないなど、食事に手がかかる）。
・戦いごっこを好んでする。
・否定的な言葉や気になる言葉が多い（「ナンナンダヨ」「シランジャネーヨ」など）。
・わがままな面がある（自分の思い通りにならないと怒りだす、など）。

● 母親の様子

・赤ちゃん扱いするときと怒りすぎのときがある。

〈3・4歳児クラスのころの様子〉

・登園の際にぐずる。気持ちの切り替えが悪い。

・母親や保育者に対して、暴言やたたく姿がある。

・友だちに対して攻撃的で、思いが通らないとたたいたりひっかいたりする。

・力関係で自分よりも弱い子を自分の思い通りにしようとする（「○○をパンチしてこい」など）。

・自分の都合のいいように物事をすすめたり、相手を傷つけたりするところがある。まわりの子どもへの影響が気になる。

・戦いごっこばかりで遊びの偏りが感じられたが、少しずつ他の遊びに興味を持ち、じっくりと遊べるようになってくる。

● 母親の様子

・「対応がむずかしく、わからない」と言うなど、P男をかわいいと思う気持ちより子育ての負担感のほうが強い。園からの助言に対しては、「もっと冷静に対応してみます」と言う。

〈5歳児クラスに進級して〉

・自分の思い通りになる相手と遊ぶ。

・相手が言うことを聞かないとパンチしたり言葉でおどしたりする。

・偏食は多いが、がんばって食べようとする。

● 母親の様子

・食生活に関心が高く、給食のレシピをもらって家で手づくりしたりしている。

・母親は「自分のしていることにまちがいなどない」という態度をとり、他人に自分の弱みを見せないようにしているところがある。

・感情の起伏がはげしい。P男を異常にかわいがる一方、手に負えなくなると「ボコボコ」にすることもある。

・同じクラスの子どもの気に入らない行動をいちいち保育者に伝える（「あの子は〜だ」など）。

・保護者間では先頭に立って仕切りたがり、他の保護者から保育園に苦情がくる。

❸ 子どもへの保育と保護者とのかかわり

〈5歳児クラスは「大変なクラス」〉

・5歳児クラスには、友だちとの間でトラブルを起こしやすく感情的になると気持ちのコントロールが利かなくなるP男の他にも発達障害が疑われる子どもが複数いた。前園長からも「保育が大変なクラス」との申し送りがあり、複数担任体制が組まれていた。実際、年度当初からクラス全体が落ち着かない状況が続いており、とくに困難な状況のときにはフリーの保育者が補助に入ったり事務室をクールダウンの場所にしたりするなどの協力体制をとることにした。

> **事例**　「ぼくはやってない！」
> 　5月ごろ、給食中にP男が隣の席の子の顔に、いきなりスプーンでシチューをかけた。その行為を担任に止められ注意されると、「ぼくはやってない」と言い続ける。周囲の子たちから「やったよ！」と言い返されると余計に興奮して大泣きする。

➡現場には園長も居合わせていた。P男のプライドにも配慮し、事務室で興奮をしずめてから園長が話を聞くことにした。園長も見ている前でやったことなのに「やってない」と言い張り、自分で感情を切り替えられなくなる姿に、自己コントロール力が十分に育っておらず、とくに気をつけて見ていかなければいけない子どもだという認識を新たにした。

〈全職員でP男を見ていく〉

・七夕の短冊事件のあとからは、園全体でP男親子をよりていねいに見ていくようにしていった。園内で公開保育を行い、担任の子どもへの対応や保育内容について話し合

う機会を設けた。職員会議では、このクラスについて状況を報告する時間をとり、全
職員がこのクラスに関心を持ってかかわれるようにした。

〈保育の重点と母親とのかかわり〉

・「がんばればできるようになる」喜びを経験できるよう、なわとびや鉄棒などていね
　いに援助し、一つずつほめたり認めたりしながらP男の自信につなげていく。

・友だちとうれしさや楽しさを共有できることを積み上げていく。

・食事では、少しでも食べられたことを認め、ほめていく。必ず母親にも知らせる。

・母親の機嫌が悪いときには、素早く帰れるように支度を手伝っていく。

・園長・主任も積極的に母親に声をかけ、P男のがんばりやいいところは、担任が伝え
　たことと同じ内容でもくり返し伝えていく。

〈P男の姿の背景にあるものを探る〉

・P男の保育について園全体で考え合うようになった当初、P男はいつも言うことを聞
　かず、友だちにたびたびちょっかいを出してはトラブルを起こすといった報告が多
　かった。しかし、そのように見方を固定化するのではなく、言うことを聞かないのは
　なぜか、なぜ友だちにちょっかいを出してしまうのか、「どうしてだろう？」という
　視点に立って分析するなど、担任とともに考え合うようにしていった。その中で、集
　団に入りたくないのではなく、担任の指示が理解できていないのではないか、左右や
　前後の認識ができていないのではないかなど、P男の発達面での気づきが保育者間で
　具体的に語られるようになっていった。

事例 「わざとではないのでは？」

　リレーの練習をしているとき、バトンを受け取ったP男が進行方向とは逆に走ってしまった。
みんなから注意され笑われたP男はバトンを投げ飛ばしたため、練習は中断。この出来事につ
いて保育者間でふり返る。「自尊心を傷つけられたことがP男の怒りにつながったのではないか」
「わざとふざけて逆に走ったということではないのではないか」「気持ちが高まると次に何をする
かがわからなくなってしまうところがあるのかもしれない」など、いろいろな意見が出された。
　このように見方を変えてふり返っていくと、「一人乗りのブランコに異常なほど恐怖感があっ
て乗れない」「スキップや短なわとびができないなどバランス感覚がとても悪い」など、今まで
深刻に考えて取り上げてこなかったP男の姿が次々と話し合いに出てくるようになった。

➡母親にも事実を具体的に、ていねいに伝えていくようにした。ほめられた行動を必ず先に伝え
　ながら、ブランコにはとても恐怖感がある様子を伝えていった。真面目な母親は、日曜日に公
　園に連れていきブランコに乗せてみたことを話してきた。「今まで公園に連れていって遊ぶこと

なんてしなかったから、ぜんぜん気がつきませんでした」「先生からなわとびを貸してもらい、家でもとぶ練習をしています」など、母親がP男とていねいにかかわろうとしていることが話の中からわかるようになってきた。

❹ 関係機関との連携

・毎月はじめ、主管課と子ども家庭支援センターに「要保護児童に関する出欠情報提供書」を提出した。
・就学が目前となり、発達にもまだまだ偏りがあることや、集団生活上、就学後に心配される内容をまとめて小学校に伝えた。学校長は、保育園からの申し送りをていねいに聞きとり、就学後、集団生活で課題が生じるようであれば発達相談機関につなげることも考えていくということになった。母親には、困ったことは担任に必ず相談するように伝え、小学校に送り出した。

❺ 事例をふり返って （事例報告者：園長）

　この保育園に着任したとき、なるべく早く保護者や子どもとよい信頼関係を築いていかなければと思い、そのためには職員とコミュニケーションをとることも大事なので、全園児の親子関係や家族のことなどについて意識的に耳を傾けるようにしました。
　しかし、P男と母親に関して職員から聞こえてくる話は、「あのお母さんは要注意ですよ」「あのお母さんを敵にまわすと大変ですよ」「Pくんは頭の回転はいいはずなの

に、わからんちん」「意地悪なことを平気でお友だちにする子」など、マイナスなことばかりでした。

見るからに気が強そうな母親に、当たり前に朝夕のあいさつの声かけをしながら、そのお母さんから「遠ざかる」のではなく、「近づく」ことを心がけました。

七夕のころ、私が母親のP男に対する暴力行為に出くわしたときには、正直緊張で胸が高鳴りました。でも、自分が見たことに対して見なかったことにはできないと思い、子ども家庭支援センターに連絡を入れ、母親との面談の一歩を踏み出しました。

気丈な母親は、私との面談を拒否するのではないかと思いましたが、すんなりと面談の申し出を受け入れてくれました。登園時の出来事を聞くと、今までの子育ての迷いや悩みを止まることなく話し続けました。

「そんなことがあったんですね」「それは嫌な思いになるよね」「お母さん一人でがんばっていたんですね」。母親の話に、心からそう答えてしまう自分がいました。相当話を聞いてから、「たたく行為」は、「しつけ」としてPくんには伝わっていかないこと、たたく行為は暴力であり、暴力を受けた子は暴力を身につけることを覚えていくといったことを話しました。

「そうですね」。素直にうなずく母親。料理は上手、夫に尽くすこと、仕事や子育てにも全力投球。まわりが入り込むすきがなく、孤立感ばかりが増していた母親への支援の糸口が見えた面談でした。

一度きっかけができると、あとは意外にスムーズに進み、母親との距離はどんどん縮まっていきました。P男のことを中心にしながら、「たくさんお手伝いしてくれて、いい子ですね」「Pくんの……というところがかわいいですね」「今日はこんなこともあったんですよ」をたくさん伝えながらも、「これは少し苦手かな?」「お母さん知ってた?」「今〇〇をがんばってるところ」など、P男の課題だと思える姿についても気づけるように、一歩踏み込んだ話もしていくようにしました。

年長組の最後の一年間で出会い、この親子にできることには限界がありましたが、躊躇せずに踏み出した一歩が功をなした事例だと感じています。

P男と母親とは卒園後、久しぶりに再会することがありました。私にとっては定年退職前の最後の運動会のとき、そのことを覚えてくれていて、「園長先生の最後の運動会だから見に来ました」とP男を連れてたずねてきてくれたのです。「P男、園長先生だよ。覚えてる?」と相変わらず元気な母親の声に、迷いながらではありましたが、母親を励まし、職員とともに支え続けた日々が思い出されました。保育に力を注いだことへの成果と喜びを感じた瞬間でもありました。退職後もときどき思い出す、忘れられない事例です。

事例 5 へのコメント （「保育と虐待対応事例研究会」で検討・確認したこと）

❶ しつけか虐待か

・「七夕事件」の際に保育者が見せた「またいつもの……」といった反応からは、母親によるＰ男への暴力行為はそれまでもくり返されていたことが「周知の事実」だったことがうかがえます。それでも具体的な行動が起こされなかった背景には、「厳しくしつけるのはあのお母さんの考え方だから保育園からはとやかく言えない」と考えていたところがあったのではないでしょうか。しかし、暴力をともなう「しつけ」は虐待です。大人の価値観ではなく、子どもの置かれた状況はどうなのかという視点からとらえることが大切です。 ➡ p 92 参照

❷ 通告がもたらした変化

・本事例では、Ｐ男の５歳児クラス進級時に着任した園長が、「七夕」の一件を母親は「しつけ」のつもりでも身体的虐待であると深刻にとらえ、子ども家庭支援センターに通告しました。その後の展開を見ると、この通告を境に園内でのＰ男や母親とのかかわりが一段深まっていったことがわかります。

・保育園は、担任を支える役割分担を決め職員会議で事例検討をするなど園内体制を整えることで園全体でＰ男への理解を深め、保育の手だてを検討し、Ｐ男の変化を引き出しています。

・たたいてしまった事実に正面から向き合うことで、母親も大きく変わりました。まわりには「姉御肌」「気性が荒い」と見えていた母親も、園長との面談ではじめて自分の苦しさや弱音をはき出すことができました。その後も担任・園長が積極的にコミュニケーションをとるようにしたことで、母親は次第に心を開き、アドバイスを受け入れるようになっています。

・現場では保護者との関係悪化をおそれて通告を迷うことがあります。しかし本事例のように、「通告に踏み出す勇気」が、むしろそれまで一歩踏み込むことがむずかしかった保護者との関係構築の糸口をひらくこともあるのです。

❸ 保育園の抱え込みにならないよう関係機関の支援を要請する

・一方で、在園中はＰ男や母親に直接かかわっていたのは実質的には保育園だけで、結果的に保育園の抱え込みとなってしまったとも言えます。小学校とは引き継ぎができたようですが、母親とのかかわりや地域での見守りなど、保育園や学校以外の機関が力を発揮できる支援もあります。関係機関同士の連携や支援体制づくりの要となるのは本事例では本来は子ども家庭支援センターですが、現実にはなかなか動いてくれないことも多いので、保育園のほうから関係者会議を要請するなど、積極的に働きかけることが必要となります。 ➡ p 46,48 参照

❹ Ｐ男の「育てにくさ」の背景にあるものを探り保護者と共有する

・Ｐ男は、多動性や衝動性、強い偏食、母親に思いきりたたかれてもおびえる様子がないといった姿から、発達になんらかの偏りがあることが考えられます。保護者にとってわが子の発達の問題を受け入れることは簡単ではありませんが、逆に、問題行動は育て方のせいではないと知らせることも、保護者の負担感軽減につながる可能性があります。園での様子を通して子どものがんばりや課題を伝え、保護者ができることを具体的に提案することも保育園の役割です。

虐待対応のポイント⑩
しつけと虐待

❶ しつけって何？

　子どもが恐怖にふるえるほどの大声を出したりたたいたりして子どもを叱る保護者。虐待ではないかと感じて声をかけたところ、「これはしつけです」と言われ、対応をひかえてしまうといったことはないでしょうか。そもそもしつけとはなんでしょうか。

　しつけは、社会で生きるために必要なルールを獲得させることを目的に、子どもの成長や発達に合わせ、子どもが自分で感じ、考え、判断することを支えながら、時間をかけて行います。

　大人が言葉や暴力によって恐怖心を与えることで子どもの行動を変えようとすると、子どもは大人の顔色を見て行動するようになったりし、効果的ではありません。心に大きなダメージを与えるおそれもあり、保護者本人は「しつけ」のつもりでやっていたとしても、虐待です。

❷ しつけを名目とした体罰はNG

　国連「子どもの権利条約」では、締約国に子どもへの体罰・暴力の撤廃を求めています。国に先んじて、体罰を明確に禁止する条例を定めている自治体もあります。

> 「親等は、その養育する子どもに対して、虐待及び体罰を行ってはならない。」（川崎市子どもの権利に関する条例第19条）

　体罰による子どもの死亡事件があとを絶たない中、厚生労働省は「体罰によらない育児」の啓発を自治体に求めています（啓発資材『子どもを健やかに育むために〜愛の鞭ゼロ作戦〜』http://sukoyaka21.jp/ainomuchizero）。「言うことを聞いてくれない」「このままではわがままな子になってしまうのでは」といった悩みや不安から、体罰を行っている保護者もいるでしょう。保育園でも、保護者の思いや状況をていねいに聞きながら、子どもの発達の見通しや体罰が子どもに与える悪影響、「体罰」に代わるかかわり方について、わかりやすい言葉で伝えていきましょう。

❸ 虐待の定義に親の意図は無関係

　ある行為が子ども虐待にあたるかどうかを決めるのは、保護者の認識ではなく、客観的な事実と、子どもにとってどうなのか、という視点です。

> 「保護者の意図の如何によらず、子どもの立場から、子どもの安全と健全な育成が図られているかどうかに着目して判断すべきである。保護者の中には、自らの暴力や体罰などの行為をしつけであると主張する場合があるが、これらの行為は子どもにとって効果がないばかりか悪影響をもたらすものであり、不適切な行為であることを認識すべきである。」（「子ども虐待対応の手引き」厚生労働省、2013年8月改正版）

　個々の事例においては、これはしつけなのか虐待なのかと線引きに苦慮することがあるでしょう。しかし、保育園の役割は虐待かどうかを判定することではなく、不適切な子育てをより適切なものへと変えていけるよう援助することです。保護者が子どもから見て不適切な行為をしてしまうほど追いつめられていることを事実として受け止め、援助の手だてや関係機関との連携を検討していくことが大切です。

事例 6　ハイリスク家庭の困難への気づきと通告のタイミング

若年ステップファミリーにおける第一子への虐待

事例概要

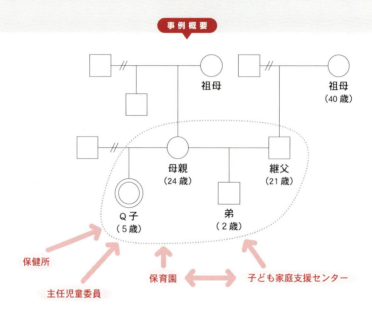

＊ジェノグラム・事実関係は事例検討時点（ただし個人情報保護の観点から一部変更しています）

基本的事項

・対象児（事例検討時の年齢）	Q子（5歳児クラス）
・保育園での在籍期間	2歳児クラス〜卒園
・虐待と思われる状況	実母・継父によるネグレクト・身体的虐待

- 両親とも未成年のときにQ子が生まれ、その後離婚。Q子は2歳児クラスのとき入園。入園当時は母親の兄の家族と暮らしていた。
- Q子が3歳児クラスに進級する直前、母親は未婚で第2子（弟）を出産。母親はその後この相手と再婚し、4人家族となる。継父の実子である弟は家に近い別の保育園に通っている。送迎はほとんど母親のみ。
- 母親はシフトのあるパート、継父は土木作業員で雨が降ると仕事がない。両方の祖母とも生活保護世帯、母方祖母はうつ病で、母親がサポートを受けることはむずかしい。
- 母親は地元若年母親グループとつながっているなど地域でまったく孤立しているわけではないが、そこで子育ての話はしていない様子。保護者会には「人と話すのが苦手」と言って参加しておらず、人間関係の広がりは見られない。

❶ 虐待・養育困難と思われる内容

＊事例報告者（園長）はQ子が5歳児クラスに進級した年に着任。Q子の様子から虐待を疑い、5歳児クラスの7月に子ども家庭支援センターに通告。下記はその際にまとめた2〜4歳児クラスのころの児童票や日誌の記録、保育者からの聞きとり情報、および5歳児クラスでの様子。

〈2歳児クラスのころ〉

・家で包丁にさわりケガをする。

・家を抜け出して公園で遊んでいたことが数回ある。

・12月ごろから欠席が続く。このころ母親は第2子を妊娠。

〈3歳児クラスのころ〉

・夏ごろ、母親は継父と再婚するがQ子を連れての結婚についてなんらかの葛藤があったと見られ、Q子の顔にアザや歯型がたびたび見られるようになる。Q子は「パパがたたいた」と言うが、母親に聞くと話をはぐらかし、説明も二転三転。傷が薄くなるまで無断欠席を続けるということが増える。保育園から保健師に家庭訪問、主任児童委員に見守りを依頼する。

〈4歳児クラスのころ〉

・継父と一緒に過ごした休み明けは顔に傷が見られる。

・言うことを聞かないQ子に対して、カッとなった母親がリモコンで額を殴り、傷をつくってきたことがあった。

・弟が食べていたラーメンの汁が太腿にかかり、救急車で運ばれた。

・月に数回しか登園しない。

〈5歳児クラスに進級して〉

・アザ、傷は見られないものの無断欠席は多い。休み中のことを聞くと、母親は「パパが休みだから一緒に休んだ」と言う。しかしQ子に話を聞くと、「おうちに一人でいた」、お昼は？「ママが買ってくれたパン食べた」、いつ帰ってくるの？「ちょっと暗くなってから帰ってくる」などと言う。ただ、母親にあまりくわしく聞くと次の日から登園しなくなるのではという懸念から、なかなか母親の本音にせまれない。

❷ 子どもの様子と保育

〈2〜4歳児クラスのころ〉
・児童票や日誌には下記のような記録が残されていた。

 2歳児クラス 食事の際、他の子の皿に手を入れる。
 3歳児クラス 目が合いにくい。
       まわりの変化に気づきにくく、一斉活動、見て覚えるなどは苦手。
 4歳児クラス 休みがちなため、経験が積み重ならない。
       自分の気持ちを伝えられず、すぐ泣く。
       人の話を集中して聞くことができない、理解度も低くほとんど聞いていない。

〈5歳児クラスに進級して〉
・5歳児クラスに進級後は、園生活は楽しんでいる様子だが、急に不安になることがあり、自信のなさや認知能力の低さは引き続き見られた（描画などからも）。さらに、クラスの活動が充実しはじめる中、Q子は楽しさを共有できず、クラスにいられなくなってふらふらと事務室にくることが多くなった。
・Q子は継父について「変なことを言うとたたかれる」「外に出ろ。あっちにいけと言われた」などと話す。継父はQ子を殴ることもある一方、弟はかわいがっている様子。
➡ 5歳児クラスは2人担任体制にして、集団に入りにくいQ子をフォロー。事務室に来た時は園長が受け止め、Q子の話を聞く。担任・園長ともに、Q子の身体の状態には注意するようにする（とくに休み明け）。

❸ 関係機関との連携

〈子ども家庭支援センターへの通告と連携〉

・5歳児クラスの7月、「虐待の疑いあり」として、園長が子ども家庭支援センターに通告。その直後、センターから担当者が来園し、保育園で母子と個々に面接。

・保育園は、Q子を注意深く見守り、ケガなどが見られたときや母親の言動で気になることがあるときは子ども家庭支援センターにすぐ連絡する。

・子ども家庭支援センターにつなげてからは、無断欠席が減ってきた。2、3日休みが続いたときは、保育園からセンターに訪問を依頼。欠席の理由は言うが、子ども家庭支援センターが訪問し改めて確認すると事実と違うことが多々ある。何回か一人で留守番をさせているが、このことについて確認すると言い訳に終始する。

〈関係者会議の開催〉

・Q子の就学をひかえた3月、子ども家庭支援センターによってはじめての関係者会議が招集され、全体で就学後のサポートや今後について確認した。場所は小学校。

> 参加：子ども家庭支援センター・小学校校長・保育園園長
> 協議内容：
> ・就学後、登校していない場合は学校より連絡を入れる。
> ・入学後の放課後の過ごし方としては、入学後しばらくは下校時間が早いので母親が家にいて待っているとのことだが、入学後も確認するようにする（母親には学童保育への入所をすすめたが、就労状況を理由に断られたとのこと）。
> ・夏休みなどの長期休みの対応としては、学童保育に入所していなくても、児童館には自由通所できることを学校から知らせる。

・保育園としては深刻な事例だと考えていたが、Q子の置かれている家庭環境やQ子自身が抱えている知的能力の問題を学校がどう考えサポートしていくかがあまり見えてこなかった。会議では、保育園として他機関に何をしてほしいか、もっと明確にすべきだったと反省。

❹ 事例をふり返って（事例報告者：園長）

この事例を通して、虐待への認識が大きく変わりました。私が園長としてはじめて着任した保育園の5歳児クラスに在籍していたQ子。休みがちで、とても幼い印象を受け

ました。担任からも話を聞き、これは虐待の疑いのある家庭だと感じましたが、そこから一歩踏み込むことなく過ぎていきました。そんなとき、「保育と虐待対応事例研究会」に参加し、本事例について相談しました。すると、これは緊急性のある事例だからすぐに子ども家庭支援センターに連絡したほうがよいとのアドバイスを受けました。早速、入園以降の日誌や児童票などの記録、担任たちの話をまとめ、子ども家庭支援センターへの通告に踏み切りました。

そこからの展開は自分が思っている以上に早くすすんでいきました。子ども家庭支援センターは迅速に母親との面談や訪問を行い、保育園が心配していた無断欠席が減っていきました。その後も何かあればすぐに記録をまとめセンターに連絡するとともに、状況を園全体で共有し、Q子の成長を見守っていきました。母親は事実と違うことを話すことが多く信憑性に欠けることもありましたが、話してくれたという事実を受け止め、少しでも良好な関係を築いていくことを心がけました。

この事例を通して感じたことは、こういう家庭状況は珍しくなく、「そういう家庭ってあるよね」「心配だよね」ですませてきたことが多かったということです。実際、私も虐待であると認識しながらも、すぐには踏み込まなかったことが大きな反省点です。この事例をきっかけに、常にアンテナをはり、少しでも気になることがあれば記録して、虐待なのでは……と感じたらすみやかに関係機関に連絡するなど、具体的な行動にうつすことが大切だと改めて感じています。

事例6へのコメント （「保育と虐待対応事例研究会」で検討・確認したこと）

❶ 行動につなげてこその「気づき」

・保育園での「気づき」は子どものアザや傷はもちろんのこと、送迎時の保護者と子どものかかわりや子どもの日常の行動特徴などさまざまな場面で可能になります。「気づき」とは単にその事実を知っているというだけでなく、子どもや保護者をよく観察して、背景を探り、園内の支援体制を整えること、関係機関に連絡・通告するなどの適切な行動をとることまでを意味します。➡p 25参照

・この視点で見ると、本事例では保育園は多くの事実（入園当初より欠席が多く、再婚前後からは子どもの顔にアザや歯型が認められる、「パパがたたいた」などの子どもからの訴えがある、母親は話をはぐらかしたり説明を二転三転させたりするなど）を把握していながら、5歳児クラスの夏まで通告には至っていませんでした。事実は「知って」いたけど「気づいて」いなかったと言えます。

❷ 欠席はリスク

・保育園の見守りは日中に限られます。欠席してしまうと子どもを見守ることはできません。虐待は家庭内という密室で起きることが多く、欠席によって子どものSOSがキャッチしに

くくなります。連絡があったとしても欠席は要注意です。

・欠席が続く場合は子ども家庭支援センターなどに家庭訪問による安全確認と登園のサポートを依頼し、登園してきたら保育園がしっかり見守ります。 ➡ p 32 参照

・本事例では、保育園が子ども家庭支援センターに通告したことで、こうした連携プレイが動き出しました。「通告は連携・支援のはじまり」です。

❸ きめ細かなサポートと見守りが求められるハイリスク家庭

・母親は未成年でＱ子を出産しその後離婚。再婚した継父も若くしてＱ子と弟の２人の父親になっています。家事や育児の方法を学ぶ機会が乏しく、親としての自覚も育っていない中で親になり、保護者自身が援助を必要としている若年ステップファミリーです。母親はパート、父親は雨の日は仕事がないという就労状況では経済的にも不安定でしょう。 ➡ p 100 参照

・今のところ保育園と子ども家庭支援センターが見守りを行っていて、大きなケガなどはないようですが、欠席や暴言は引き続きあります。母親が継父との関係が崩れることを気にして、虐待がエスカレートしていくことも考えられます。ちょっとした状況の変化で何が起こるかわからないリスクのある家庭として卒園後も注意深く見守ることが求められます。

❹ 卒園後を見通した継続的な支援体制づくり

・卒園と同時に保育園はこの家庭に直接かかわることはなくなります。この家庭が孤立を深めることがないよう、継続的な支援が行われる体制をつくることがケース離れにあたっての保育園の役割です。まずは、就学前の関係者会議を開くことが必要です。 ➡ p 46,48 参照

・関係者会議では保育園が行ってきた支援内容と保育園から見て今後必要だと思われる支援を明確に伝え、「子どもの見守りと保護者への支援」が途切れることのないよう、次の担当機関・担当者に確実に引き継いでいきます。

・本事例では、関係者会議には子ども家庭支援センターの担当者・学校校長・保育園園長の三者が出席しています。入学先の小学校の担任や学童保育指導員、弟の保育園の園長などにも出席してもらえると、状況把握や支援方針がより具体的なものとなった可能性があります。必要なメンバーについては保育園からも子ども家庭支援センターに出席を依頼しましょう。

・関係者会議の反省点として、「保育園として他機関に何をしてほしいか、もっと明確にすべきだった」とあります。たしかに会議では、母親が学童保育への入所を希望していないことについてどう対応するか確認されていない点が心配です。小学校低学年では帰宅時間も早く家庭で過ごす時間が長いことを考えると、密室状況をつくらないことや、学習面、友だち関係などを見守る機関として学童保育や児童館は重要です。保育園は、これまで見守りを行ってきた立場から見守りの継続の必要性を訴え、子ども家庭支援センターに対して「Ｑ子は虐待通告されている要支援児童で入所が必要だとの意見書をつけ、母親には就労状況にかかわらず入所できることを伝えて入所につなげてほしい」などと要望することも重要です。不登校となることも考えられます。就学後に再度関係者会議を開催し、今後起こりうることも想定しながら改めてだれがどのように支援するのか役割を分担・確認できるといいでしょう。

虐待対応のポイント⑪

ハイリスク家庭とは

　さまざまな病気や障害、社会的な困難を抱えている保護者や、ステップファミリーなど家族構成が複雑な家庭が増えています。こうした家庭は地域の中で孤立しがちで、養育困難や虐待につながっていく可能性が高まることから、ハイリスク家庭とよばれます。それぞれの家庭にひそむリスクと支援のあり方について考えてみましょう。

❶ ステップファミリー

　保護者のどちらか、あるいは両方に子どもがいる状態で結婚（事実婚を含む）してできた家族。親子関係は実子、養子（養子縁組をしている）、継子（養子縁組はしていない）などさまざまな組み合わせになりますが、血縁関係のない親子関係が家庭内に存在していることが共通しています。男性が若年の場合、父親という意識は希薄になりがちで、子どもと愛着関係を築くことができず虐待につながる危険性があります。反対に父親として厳しいしつけを期待されていると気負って厳しく接し、それに子どもが反発したことがきっかけとなり虐待をしてしまうこともあります。一方で、血縁関係がないからこそ話し合いを大切にし、問題を解決しながら関係を深めている家庭も数多くあることをつけ加えておきたいと思います。

❷ 若年出産・産後うつ

　未成年期の望まぬ形での妊娠による若年出産や、産後うつなどが見られる場合は「特定妊婦」として保健師が出産後も経過を見ていきます。若年の母親は母親自身が精神的に未成熟で、子育ての仕方もわからず不適切な養育をしてしまっている場合があります。また、同世代の母親が少ないために孤立してしまうこともあります。

❸ 貧困家庭

　現在7人に1人の子どもが貧困家庭で育っていると言われています。金銭的な事情から十分な衣食が保障できない場合がある他、保護者がダブルワークなどで昼夜問わずに働いているために子どもの養育が行き届かなくなる場合もあります。また、ひとり親家庭の場合、夜間の仕事のために子どもだけで留守番をさせている危険性もあります。経

済的支援としては生活保護やひとり親家庭への支援などを受けることができますが、見た目にはわからないこともあり、気づきが遅れてしまうことにも注意が必要です。

❹ 精神疾患・パーソナリティ障害・発達障害

　保護者が精神疾患、パーソナリティ障害、発達障害などを抱えている場合は、症状やまわりの状況にもよりますが、子どもの養育そのものが精神的負担となり虐待につながることがあるため、関係機関が連携して養育支援を行う必要があります。子どもが日中を保育園で過ごすことは、親にとっては育児支援となり、子どもにとっても親の状況をうかがわずに安心して過せる場の保障になります。知的障害や精神疾患の診断があると受けられる家事や育児の支援もあります。一方で、情緒の不安定さなどが見られても、医療機関につながっていないために公的な支援の網からこぼれ落ちてしまうことも多々あります。保育園からの保健所など関係機関への発信が重要です。

ハイリスク家庭への支援のポイント
① **なるべく早い段階から支援していく**

　乳幼児期や出産前の段階からハイリスク家庭を把握して早期に支援に入ることが虐待予防となる。その点からも、保育園に入園すること、保育者の気づきと見守りは重要。

② **子どもはどんな状態に置かれているかを見る**

　子どもにとって必要な養育を「やれなくてやらない（病気を抱えている、経験不足など）」ように見えることもあれば、「やれるのにやらない（収入はあるのに衣服を十分与えないなど）」ように見えることもあって、養育困難なのかネグレクト（虐待）なのかの線引きに迷うことがある。しかし、たとえば寝ている子どものそばに熱湯の入ったヤカンを置いてしまう保護者には、線引きはどうあれ、すぐに支援の手が入ることが必要。どうしてやらないのかを探ることは重要だが、保育園の役割は虐待かどうかの判定や保護者の人物評価ではなく、子どもの置かれた状態を把握し、支援が必要かどうかをみきわめること。

③ **「○○○の家庭だから」と決めつけない**

　ハイリスク家庭だからといって必ず虐待につながるわけでも、他とくらべ問題が軽いから大丈夫とも限らない。「○○○の家庭だから」と決めつけてかかると、各家庭の状況や変化をありのままにとらえられなくなり、保護者との関係を悪化させるばかりか、せっかく芽生えた解決の糸口を見過ごしたり、逆に危険な事態に気づけなくなったりするので要注意。

④ **地域で見守ってくれる人を増やす**

　ハイリスク家庭は、長期的な見守りが求められることがほとんど。地域に家族のことを理解し見守ってくれるキーパーソンを見つけることを支援の目標の一つとする。状況そのものは好転しなくても、まわりに理解者がいるかどうかで、保護者の心持ちは大きく変わりうる。

事例 7　養育困難家庭の見守りとケース離れ

離婚・再婚をくり返す父母による リスクを抱えた養育状況

事例概要

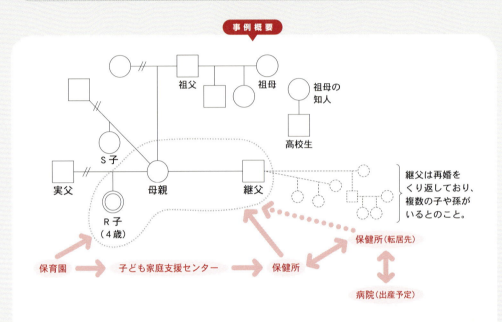

＊ジェノグラム・事実関係は事例検討時点（ただし個人情報保護の観点から一部変更しています）

基本的事項

・対象児（事例検討時の年齢）	R子（4歳児クラス）
・保育園での在籍期間	2〜4歳児クラス
・虐待と思われる状況	継父・母親による心理的虐待の疑い

・母親は自営業（従業員が一人いる）。R子は母方祖父の家族と同居しているとき、小規模保育所より当園（2歳児クラス）に転入。
・R子が3歳児クラスのとき、母親は現在の継父（定職なし）と入籍。12月ごろよりR子を含めた3人暮らしとなる。事例検討時、母親は妊娠中。
・母親は三度目の結婚で、R子は母親の二人目の夫との子どもである。
・母親には一人目の夫との間に女児（S子、事例検討時中学生）を産んでいる。S子は保育園に在籍していたころ、パジャマで家の外をふらふらしているところを発見され児童相談所へ通報されたことがある。現在も母親とつながりはある。R子は父親違いの姉S子のことを「お姉ちゃん」と呼んだり「S」と下の名前で呼んだりしている。
・継父も複数回結婚しており、多数の子どもや孫がいるとの話である（事実確認はできていないが、あちこちに子どもがいると話していた）。

❶ 虐待・養育困難と思われる状況

- 2歳児クラスの夏ごろ、R子から「ママが帰って来なかった」という言葉が聞かれた。このころ、母親の送迎が減り、母方祖母（祖父の再婚相手。外国籍でその親戚や知人も同居している）の送り、祖母の知人の子（高校生）や関係性が不明な知人の迎えが多くなっていた。祖母は、母親がまったく子どもの面倒をみないことや夜遅くまで子どもを連れ回すことをやめるように言ってもぜんぜん聞かないことなどを担任にこぼすことがあった。
- 園長が母親に確認すると、離婚した前夫からは養育費ももらえず、このままだと経済力がないことを理由に裁判に勝てないおそれがあるため、自営の仕事の他、週何回か居酒屋で深夜2時ごろまでの勤務をすることにしたという。
- 裁判は、R子の親権をめぐってR子の実父（母親にとっては二人目の夫）と争っていたもの。母親は一人目の夫と離婚後にS子を手放したことを残念がっており、R子はなんとしても自分で育てたいと主張していた。
- R子が3歳児クラスの秋、裁判は終了し、母親は親権を獲得。その数日後、母親は現在の継父と入籍。保育園は、当時交際相手がいたことも、入籍したことも知らされていなかったが、交際相手については迎えにきた高校生から、入籍については保育料のことでやりとりする中、偶然判明した。保育園が継父の存在を知ったことがわかってからは、継父が送り迎えに顔を出すようになった。

- 母親との入籍時、継父は他県に住んでいたため、R子もそこで過ごすことが増え、園を休んだり、そこから登園したりすることがあった。3歳児クラスの12月から母親は母方祖父母の家を出て継父・R子との3人暮らしとなる。
- 洋服や身体の清潔さは保たれているものの、このころからR子の心の不安定さが増し、母親の前でおもちゃ箱に排便するなどの問題行動を起こすようになった。母親は、「わざとそういうことをする」「ちゃんとできるようになるまで」などと言ってR子をつきはなし、祖母に預けたりした。

❷ 子どもの様子

〈2歳児クラスのころ〉
- 入園時は、礼儀正しい一面があり比較的落ち着いていた。
- その後はやや落ち着きはないが、言葉づかいは比較的穏やかで、笑顔も多く見られた。
- 園で担任との信頼関係ができると、友だちとの関係が広がり、ケンカで手が出ることはあったが、好きな遊びをじっくり楽しむ姿もあった。
- 午前中はやや眠そうで午後から興奮気味になることが多かった。

〈3歳児クラスのころ〉
- 落ち着きがなく、やってはいけない行動をして大人の気を引こうとすることが増える。
- 担任に甘えてくることが増える。
- 登園時にぐずることが増え、ママに会いたいと泣くこともあった。
- 集団の活動から外れることは多いが、運動会のような大勢が見ている場面でははりきっておどりを見せた。

〈4歳児クラスになって〉

・欠席が多くなる。登園すると落ち着かず一対一での対応が必要である。

・集団から外れ、保育者に追いかけられ、個別対応してもらったりすることを好む。

・進級早々の4月末で退園。

❸ 保育の重点と保護者とのかかわり

〈安心できる楽しい生活の保障と情報の収集〉

・生活基盤がしっかりしていないことでR子が不安定になることを予測し、R子の気持ちの受け止めに重点に置いた。

➡ このクラスはR子以外にもとくに手をかける必要のある子どもが多く、3歳児クラス・4歳児クラスともに配置基準より一人多い配置にした。さらにR子に一対一でのかかわりが必要なときは副園長が保育の応援に入ったり、事務室で預かりマンツーマンで遊んだりするようにした。

・保育園は楽しい、明日も行きたいと思えるような生活や遊びを保障する。

・家庭状況や就労の状況確認は園長・副園長が行うようにした。

・連絡のない欠席の場合は電話連絡をするなど、状況把握をするようにした。

・日本語がわかる祖母や送迎にくる高校生から話を聞き、R子の家庭での様子や母親の様子を把握するようにした。

・身体に傷やアザがあった場合は、複数の職員が違うタイミングでR子や保護者に聞きとり矛盾する点がないか確かめることを園内で確認した。

〈母親には声をかけ続ける〉

・継父も母親も次々にパートナーを変えており、ともにだれかに依存していく傾向があるように感じられた。

・今R子は母親の愛情を求めていることを伝えたが、母親は「自分はさびしい子ども時代を過ごしたので、いろいろな親戚とかかわって大家族の中で育つことがいいと思っている」と語った。その考えも認めつつ、R子に目を向けられるよう、母親にはその後もことあるごとに声をかけていったが、母親との信頼関係は十分にできず、生活の改善もみられなかった。

・妊娠していた母親は、R子が4歳児クラスへ進級して間もなく、出産を前に、自営の仕事を従業員に任せ、R子を自分でみると園に伝えてきた。転居や幼稚園入園も考えていると言うので、園長から転居先や幼稚園が決まってから退園したほうがよいことを何度も伝える。また、地域で孤立することに危うさを感じたので、4歳は友だちと

の関係で大事な時期だと話し、保育継続の必要性を伝えた。しかし、母親は区役所に直接退園届を提出してしまい、4月末で退園となった。

❹ 関係機関への連絡とその後の状況

・退園が決定したことで、在宅子育てとなるR子の今後がより心配となり、4月末に子ども家庭支援センターへ連絡し、R子や保護者の状況を伝えた。

・母親が妊婦であることから、すぐに子ども家庭支援センターが動き、保健所への働きかけを行った。

・保育園では、母親に住民票を移したらすぐに保健所へ行き、妊婦健診や出産時に受けられる手当のことを相談に行くように働きかけた。「お母さんが損をしてしまうから」というキーワードを使って話をすると「そうします」と反応がよかった。

・数日後、園から子ども家庭支援センターへ連絡をとると、本区の保健所と転居先の保健所で連携することになった。また、出産予定の病院が本区の病院であることからも、本区の保健師も引き続きかかわりを持っていくということが確認できた。

事例7へのコメント （「保育と虐待対応事例研究会」で検討・確認したこと）

❶ リスクを抱えた家族

・決定的な事故やケガが見られることはありませんでしたが、一つひとつを見ていくと多くの不安要素を抱えたままに退園となった事例です。

・父母ともに離婚・再婚をくり返していますが、義姉S子の姿にもあらわれているように、子どもが置き去りになっています。R子の養育にも手をかけておらず、たびたび家をあけるなど、母親の目が子どもに向いていないように見えます。

・母親が出産したあと、継父にとっては実子と母親の連れ子であるR子とに差別なくかかわることができるかが懸念されます。継父がR子を邪魔な存在と感じた際に、腕力のある継父から母親がR子を守れないと大変危険な状態になります。ステップファミリーが抱えるリスクです。

❷ 子どものSOS

・入園したころのR子は笑顔も多く、友だちともよく遊んでいました。しかし、3歳児クラスになるとやってはいけない行動をしたり逆に強く甘えたりするようになり、4歳児クラスに進級すると欠席が増え、集団で遊ぶよりも保育者の一対一の対応を求めるようになります。こうした姿に家庭状況の変化と関係している部分はないか、継父とのかかわりは影響していないかなどよく観察し、子どものSOSを見過ごさないようにすることが求められます。

・とくに、おもちゃ箱におもらしをしてしまうといった子どもの遺糞・遺尿は、なんらかのス

トレスや心の傷のあらわれとも考えられます。おさまるまでは祖母に預けるという母親の対応には懲罰の意味合いが強く見られ、不適切な養育と言わざるをえません。

❸ 保育園による見守りの意味

・保育園は園内で連携をとり、送迎にあらわれる母親以外の人物からも情報を集めつつ、母親自身にも声をかけ続けました。母親が心を開き生育歴を話したこともありましたが、信頼関係を構築していくことはむずかしかったようです。しかし、たとえ母親には口うるさくわずらわしいと受け取られても園長が中心になって声をかけ続けたことで、母親は「見られている」と感じていたでしょう。「見守り」には虐待防止の役割もあるのです。➡ p 32 参照

・また、保育園は、R子に安心できる生活と遊びを保障し、母親には出せない甘えも出せる場となるよう努めました。大きくなったときにもR子の中に保育園での経験や担任のかかわりが受け止めてもらえた体験として残ることを願います。

❹ 躊躇せず、わずかな情報でも関係機関に伝える

・決定的な出来事がなかったことで「決め手」を欠いたことが、通告に踏み切らなかった原因になりました。しかし、保育園には、虐待かどうかわからなくても、その疑いがあった時点で通告する義務があることと、虐待かどうかの判定は通告先に委ねるということを再確認したいと思います。➡ p 36 参照

・本事例のように、家庭の状況が複雑で見えにくく、また刻々と変化していく中では、保育園がとらえた情報が、どんなわずかなものであっても、子ども家庭支援センターや保健所など関係機関にとって有効な手がかりになることもあります。保育園は子どもの人権と権利を守る子どもの代弁者であり、子ども虐待対応や養育困難家庭への支援体制全体の中の中間機関であることを理解して、躊躇せずに関係機関に情報提供し、確実に引き継ぐことがケース離れの前に行う最後の仕事になります。

＊追記

　本園を退園後、転居先の子ども家庭支援センターから本園に問い合わせがあった。R子親子の見守りにあたって、本園で心配だと思っていた点について園長から直接話を聞きたいとのことだった。母親は無事出産し、新生児訪問の際は問題は見られなかったとのことだった。しかしその後、継父によるR子への身体的虐待が判明し、児童相談所が対応に入る事態となった。このときR子は「家に帰りたくない」と訴え一時保護となったため、R子の保護にあたって配慮すべき点について再度本園に問い合わせがあった。その後の様子は本園には伝えられておらずわからない。在園中から懸念していたことが現実となってしまったことに心を痛めつつ、もし保育園から関係機関につなげないまま退園していたとしたら、転居先での虐待は見落とされていた可能性もあり、在園中に関係機関と連携しておくことの大切さを改めて感じている。

資料

子ども虐待にかかわる法令

❶ 子ども虐待の早期発見の努力義務

保育園など児童福祉施設で働く人は子ども虐待に気づく可能性が高いことから、「早期発見」の努力義務が課されています。

> 「学校、児童福祉施設、病院その他児童の福祉に業務上関係のある団体及び学校の教職員、児童福祉施設の職員、医師、歯科医師、保健師、助産師、看護師、弁護士その他児童の福祉に職務上関係のある者は、児童虐待を発見しやすい立場にあることを自覚し、児童虐待の早期発見に努めなければならない。」（虐待防止法第5条1）

＊2004年の虐待防止法の改正では、職員だけではなく組織（施設）そのものに努力義務が広げられました。これは保育者などが通告しようとしても園長などによって押さえられることがないよう組織全体の義務としたものです。

❷ 子ども虐待の通告義務

保育園には、虐待の事実や虐待の疑いに気づいたら市町村や児童相談所など関係機関に通告する義務が課せられています。

> 「児童虐待を受けたと思われる児童を発見した者は、速やかに、これを市町村、都道府県の設置する福祉事務所若しくは児童相談所又は児童委員を介して市町村、都道府県の設置する福祉事務所若しくは児童相談所に通告しなければならない。」（虐待防止法第6条1）

「まちがっていたらどうしよう」などと不安になることがあるかもしれませんが、本当に虐待かどうかを判定するのは児童相談所など受理機関の役割です。保育園が行う必要はありません。保育所保育指針にも次のような記載があります。

> 「子どもの心身の状態等を観察し、不適切な養育の兆候が見られる場合には、市町村や関係機関と連携し、児童福祉法第25条に基づき、適切な対応を図ること。また、虐待が疑われる場合には、速やかに市町村又は児童相談所に通告し、適切な対応を図ること。」（保育所保育指針第3章1）

「保護者に不適切な養育等が疑われる場合には、市町村や関係機関と連携し、要保護児童対策地域協議会で検討するなど適切な対応を図ること。また、虐待が疑われる場合には、速やかに市町村又は児童相談所に通告し、適切な対応を図ること。」（保育所保育指針第4章2）

＊2004年の虐待防止法の改正で、通告対象が「虐待を受けた児童」から「虐待を受けたと思われる児童」に広げられました。「疑い」の段階でも躊躇せず通告することが大切です。
＊これまで、通告の受理機関は児童相談所が中心となっていましたが、同改正で、市町村に変わりました。東京都では子ども家庭支援センターが通告先となります。

❸ 通告義務は守秘義務を上回る

　保育園には個人情報保護の義務（守秘義務）が課せられていますが、通告を妨げるものではないとされています。

「刑法（明治四十年法律第四十五号）の秘密漏示罪の規定その他の守秘義務に関する法律の規定は、第一項の規定による通告をする義務の遵守を妨げるものと解釈してはならない。」（虐待防止法第6条3）

　また、通告を受けた側の市町村や児童相談所は、通告者の情報を漏らしてはならないとされています。

「市町村、都道府県の設置する福祉事務所又は児童相談所が前条第一項の規定による通告を受けた場合においては、当該通告を受けた市町村、都道府県の設置する福祉事務所又は児童相談所の所長、所員その他の職員及び当該通告を仲介した児童委員は、その職務上知り得た事項であって当該通告をした者を特定させるものを漏らしてはならない。」（虐待防止法第7条）

❹ 被虐待児・要支援児童の保育園への優先入所

　市町村や保育事業者などは、虐待予防の観点から、関係機関が保育が必要だと判断した子どもや、被虐待児のうち児童相談所が親子分離は必要ないと判断したケースでは、優先的に保育園に入園させることになっています。

「市町村は、【さまざまな保育施設・保育事業の利用のあっせん・調整・要請を】行う場合には、児童虐待の防止に寄与するため、特別の支援を要する家庭の福祉に配慮をしなければな

らない。」「特定教育・保育施設の設置者又は（略）特定地域型保育事業者は、【当該施設・事業】を利用する児童を選考するときは、児童虐待の防止に寄与するため、特別の支援を要する家庭の福祉に配慮をしなければならない。」（虐待防止法第13条の3）　　　　＊【 】は言い替え

「児童福祉法第二十四条第3項の規定により、保育所に入所する児童を選考する場合においては、児童虐待の防止に寄与するため、特別の支援を要する家庭を保育所入所の必要性の高いものとして優先的に取り扱うこと。」（2004年8月13日発出 厚生労働省雇用均等・児童家庭局長通知）

＊優先入所の目的は、保護者の育児負担を軽減すること、保育園における「見守り」、保育園ができる保護者支援、対象児が他の子どもたちとともに育つ機会を保障することなどです。

❺ 特定妊婦・要支援児童についての情報提供義務

　2016年に行われた調査によって、虐待による死亡事例のうち0歳児の割合が約6割にのぼることが明らかにされました（社会保障審議会児童部会児童虐待等要保護事例の検証に関する専門委員会「子ども虐待による死亡事例等の検証結果等について（第12次報告）」2016年9月）。これを受けて、2016年の児童福祉法の改正では、妊娠期からの支援を強化していくため、保育園をはじめとする関係機関に特定妊婦や要支援児童にかかわる情報提供を求める規定が追加されました。さらに、情報提供を受けた機関は、その後どんな支援を行ったのかの経過を情報提供元に報告する必要があるとされています。

「病院、診療所、児童福祉施設、学校その他児童又は妊産婦の医療、福祉又は教育に関する機関及び医師、歯科医師、保健師、助産師、看護師、児童福祉施設の職員、学校の教職員その他児童又は妊産婦の医療、福祉又は教育に関連する職務に従事する者は、要支援児童等と思われる者を把握したときは、当該者の情報をその現在地の市町村に提供するよう努めなければならない。」「刑法の秘密漏示罪の規定その他の守秘義務に関する法律の規定は、前項の規定による情報の提供をすることを妨げるものと解釈してはならない。」（児童福祉法第21条の10の5）

「連携の促進を図るためには、訪問指導等の必要な支援を行った市町村が、その結果を記録し、速やかに情報提供元の関係機関に報告することが必要である。」（2016年12月16日発出 厚生労働省雇用均等・児童家庭局総務課長、母子保健課長通知）

＊要支援児童とは「保護者の養育を支援することが特に必要と認められる児童」、特定妊婦とは、若年や貧困、うつ状態など、「出産後の養育について出産前において支援を行うことが特に必要と認められる妊婦」を指します。（児童福祉法第6条の3・8）
＊この情報提供も、虐待通告と同様、守秘義務違反にはあたらないとされています。

おわりに

　2018年春、他県在住当時から虐待を疑われていた家庭が東京都区内に転居し、双方の関係機関がその状況をつかんでいたにもかかわらず、就学前の女児が命を落とした事件が起こりました。覚えたての字で「ゆるして　おねがい」とつづられたノートがテレビに映しだされるたび、「保育園に通っていたら命は救えただろうか」という問いが頭から離れず、保育園からこのような事件を起こしてはならないことを再認識しました。

　2018年4月に改定された保育所保育指針にも、保育園の役割として、虐待が疑われる段階で関係機関に通告し連携して対応することや保護者への子育て支援について明記されました。現実の保育現場における虐待対応は、「ある日」「突然」、目の前に突きつけられる事実の受け止めからはじまり、その「気づき」に目をつぶることなく対応していくことが求められます。目をつぶることは、「かけがえのない大切な命」が、「救えたかもしれない命」になってしまうことにつながるからです。

　急遽「一時保護となりました」の連絡を受け、12月の寒い朝、靴下もはかずに登園してきた男児をそのまま児童相談所に送り出したことがありました。10数年たった今でも冬のお楽しみの行事に多くの子が当たり前のように心を弾ませる12月になると、必ず思い出され胸が痛くなります。通告者だった私には「これでよかったのだろうか?」「子どもの心を傷つけたのではないか?」といった迷いや自責の念が重くのしかかりました。それでもやっぱり「命」に向き合わなければと、あのとき勇気をふるいたたせることができたのは、「保育と虐待対応事例研究会」での学びがあったからだと思っています。

　一人で抱えず声に出す勇気を持つこと、保育園だけで解決しようとせず関係機関につなぐこと、保護者のＳＯＳを見逃さず「大丈夫ですか?」と声をかけることが、「命」と向き合うためには不可欠であり、子どもや保護者との絆を深めていくことにつながるはず——これまで研究会に報告された160を越える事例について私たち自身が頭を寄せ合って対応を考え合う中で学んできたことを、同じように困難な事例に直面しながらがんばっている全国の保育者のもとに届けたい。そんな思いで今回の本づくりに取り組みました。めくった1ページが保育者の勇気を支え、あと一歩踏み込んで子どもと保護者に向き合うきっかけとなることを願ってやみません。

2018年12月　クリスマスを前に

　　　　　　　　　　　　　保育と虐待対応事例研究会『事例集』プロジェクトチーム

● **参考文献**

厚生労働省「子ども虐待対応の手引き」2013年8月改正版

杉山登志郎『子ども虐待という第四の発達障害』（学研プラス、2007年）

杉山登志郎『子育てで一番大切なこと——愛着形成と発達障害』（講談社、2018年）

● **編著者紹介**

「保育と虐待対応事例研究会」は2000年5月に「児童虐待の防止等に関する法律」が制定された翌年、2001年1月に保育園で働いている人を中心に発足しました。研究会のテーマは、以下の3点です。

① **虐待への気づき**：事例検討を通して、保育の現場で虐待を早期発見する力を養います。

② **被虐待児の保育と保護者への援助方法**：虐待を受けて育ってきた子どもの行動特徴をよく知り、保育者がどのように対応し保育していくか、保護者とどうかかわるかについて考え合います。

③ **通告と関係機関との連携**：保育園だけでは効果的に対応できない場合、子ども家庭支援センター・保健所・児童相談所などの関係機関とどう協力していけばよいかを学び合います。

　毎月の例会では保育園が現実に抱えている事例が報告され、参加者は自分自身の問題として考え、討論し合うことを通して対応の仕方を実践的に学び合っています。公開講座（研究集会）やセミナーも行っています。くわしくはＨＰをご覧ください。http://www.gyakutai-jirei.org

　本書は研究会内の『事例集』プロジェクトチームのメンバーが中心となって執筆・編集・本文内イラスト作成に取り組みました。事例報告をしてくださった方々、ともに事例研究してくださった会員・例会参加者のみなさま、貴重な学びを与えてくださった保護者のみなさまと子どもたちに心より感謝申し上げます。また、これまで学んできたことを整理し本の形にまとめていくという作業に悪戦苦闘する私たちに最後まで伴走してくださったひとなる書房の皆様の誠意とご協力に深く感謝いたします。

● **装丁・本文デザイン**　山田道弘　　● **カバー装画**　おのでらえいこ　　● **組版**　リュウズ

保育者のための子ども虐待対応の基本——事例から学ぶ「気づき」のポイントと保育現場の役割

2019年 3 月20日　初版発行

2022年12月25日　三刷発行

編著者　**保育と虐待対応事例研究会**

発行者　**名古屋 研一**

発行所　**㈱ひとなる書房**
東京都文京区本郷2-17-13
TEL 03（3811）1372
FAX 03（3811）1383
Email：hitonaru@alles.or.jp

©2019　印刷／中央精版印刷株式会社　　　　＊落丁本、乱丁本はお取り替えいたします。